한 문장_{으로 끝내는} Speaking 문법

한 문장_{으로 끝내는} Speaking 문법

정충모 지음

어문학사

● 머 리 말

　"시험 볼 땐 별 어려움이 없는데 왜 말만 하려고 하면 문법이 꼬이는 걸까?"

　중·고등학교부터 대학교까지 10년 이상, 아니 그 이상 영어 공부를 꾸준히 해온 사람도 위와 같은 의문이 드는 경우는 꽤 많은 것 같습니다. 대학 입시, TOEIC 등 각종 공인능력시험, 그리고 입사시험까지 두루 고득점을 자랑하는 실력자라고 해도 막상 외국인과 영어로 대화하려고 하면 그동안 수도 없이 외웠던 문법이 온통 뒤죽박죽되면서 머릿속이 혼란스럽기만 합니다. 더욱이 혀는 뻣뻣하게 굳어 그나마 기억나는 몇 마디 영어 문장조차 제대로 소리내지 못하고 입속으로 기어들어만 갑니다.

　이런 문제의 원인은 하나로 요약됩니다. 바로 'productive skill의 부족'입니다. 우리가 어릴 때부터 학생으로서 영어를 공부하는 가장 큰 이유는 대학 입학이었습니다. 그리고 대학 입학을 위해 가장 객관적인 잣대로 지금까지 중시되어 온 것은 필기시험이었습니다. 요즘은 듣기 평가(listening test)가 가미되어 그나마 생활 영어에 근접한 교육 체계가 구축되어 가고는 있지만, 읽기(reading)와 듣기(listening)를 기반으로 한 필기시험은 어디까지나 수동적인 능력, 즉 'receptive skill'만을 검정하는 시험에 불과합니다. 이것은 실생활 회화처럼 상대방의 말에 바로바로 대응해야 하는 능력이 아닌, 천천히 기억을 떠올리며 분석한 후에야 비로소 답을 체크하는, 그야 말로 학자(學者)적인 느긋한 분석 능력인 것입니다.

　그러나 실생활 회화 능력은 어떻습니까? 상대의 말에 대답을 하거나, 주어진 상황에 지체 없이 자신의 의사를 표현하거나 질문해야 하는 급박한 상황이 대부분입니다. 그야말로 1~2초 안에, 길어야 3~4초 안에 하고자 하는 표현을 어떻게든 전달해야 하는 상황인 것입니다. 그러다 보니 느긋한 'receptive skill'에는 능숙하지만, 말하고 쓰는 'productive skill'에 미숙한 우리가 배겨낼 재간이 없습니다. 결론은 누구나 이미 알고 있듯이 말하고 쓰는 능력, 즉 'productive skill'을 개발하지 않았기 때문이라는 것입니다.

　"그럼 이제부터라도 실용적인 영어를 익히려면 어떻게 해야 할까?"

　해답은 간단합니다. 무엇이든 잘하고 싶다면 많이 해봐야 합니다. 'productive skill'을 개발하기 위해서는 많이 말해보고 써봐야 한다는 것입니다. 혹자는 이렇게 반문할 수도 있습니다. "영어로 말을 하고 글로 쓰는 게 서투른데 어떻게 하란 말이지?" 필자의 말은 시도해보라는 것입니다. 영어로 많이 말해보고 문장도 많이 써보라는 말입니다. 무작정 모든 문장을 외우려고 하기보다는 스스로 만들어봐야 합니다. 그래야 수동적인 능력에만 익숙한 우리 두뇌가 능동적이고 생산적인 두뇌로 변하게 되는 것입니다. 자동차 운전을 배울 때도 기어를 어떻게 넣고 엑셀을 언제 밟는지 등을 외우기만 해서 되는 것이 아니라 직접 조작하면서 운전을 '시도'해야 하는 것과 같은 이치입니다. 따라서 이제는 느긋한 문법적 분석이나 무조건 암기하려고 하는 수고는 그만하고 어떤 책으로 영어회화를 공부하든지 우리말을 직접 영어로 바꾸어 본 다음에 비로소 영어 문장을 확인하는 연습에 치중해야 합니다.

"그러나 어느 정도의 운전 매뉴얼은 숙지하고 있어야 운전이 가능한 것 아닌가?"

그렇습니다. 전혀 기본적인 문법이나 단어도 모르면서 영어로 말하고 쓰려는 시도는 불가능합니다. 그럼 또 문법 공부를 하란 말인가? 그렇진 않습니다. 지금까지 'receptive skill'에만 치중하여 영어 공부를 했다 하더라도 2~3년 이상 영어를 공부한 사람이라면 영어로 말하고 쓰려는 시도를 할 수 있는 기본적인 능력은 충분히 갖췄다고 생각합니다. 단, 이제는 문법을 시험에 대비한 높은 레벨(high level)의 분석적 도구로만 쓰지 말고 '간단하지만 실용적인 내 문법'으로 만드는 과정이 필요한 것입니다. 그래서 필요한 것이 『한 문장으로 끝내는 speaking 문법』입니다.

"한 문장으로 문법이 이해되고 회화가 가능하다고?"

필자도 원어민 정도는 아니라 해도 어떤 상황에서든 얼마든지 영어로 능숙하게 의사표현을 할 수 있다고 자부하지만, 어떤 것이 3형식, 4형식인지, 무엇이 관계부사고 종속접속사인지 등 모든 문법을 쉽사리 설명하지는 못합니다. 아니, 그런 것에 일부러 연연하지 않았었다는 게 정확한 표현일 것입니다. 왜냐하면 일상 회화를 하는 데는 전혀 필요한 것이 아니기 때문입니다. 단지 중요한 문법 포인트별로 영어를 구사할 수 있도록 가이드 역할을 하는 중요한 구문이 항상 머릿속에 있을 뿐입니다. 즉, 중요한 문법 포인트별로 항상 머릿속에 바로 떠오르는 '대표적인 문장'이 있으며, 그 문장들을 필요한 상황에 바로바로 응용하는 능력이 개발되어 어렵지 않게 회화가 가능한 것입니다. 영어를 모국어가 아닌 '외국어'로, 후천적인 노력으로 공부하여 유창한 회화를 구사하는 사람들은 대부분 동감하리라 생각합니다.

"이 책에 나온 문법별 대표 문장이 자연스럽게 머릿속에 떠오르도록 암기하라. 그리고 그 문장을 응용하여 필요한 문장을 만들어 보는 공부 방식으로 전환하여 'productive skill'을 개발하라!"

필자가 이 책을 통해 전하고 싶은 영어회화 비법은 위의 말로 집약된다고 할 수 있습니다. 처음에는 영어 문장을 만들려고 시도하는 것이 스트레스가 될 수도 있지만, 금방 익숙해지면서 스스로 조금씩 실력이 향상되는 것을 느낄 수 있다고 필자는 확신합니다. 영어회화로 고민하는 많은 분에게 이 책이 큰 도움이 되었으면 하는 마음이 간절합니다. 여러분의 행운을 빌겠습니다.

Contents

Part. 1

기본 시제 연습
(현재, 과거)

"현재시제와 과거시제만 잘 구별해서 쓸 수 있어도
영어회화의 절반은 성공이다!"

우리가 실제 영어로 대화하고자 할 때 가장 쉬우면서도 흔하게 실수하게 되고, 맘 먹은 대로 되지 않는 것이 현재시제와 과거시제의 구별인 것 같습니다. 과거에 대해 얘기해야 함에도 자꾸 현재시제가 튀어나오고, 정작 현재시제로 말해야 할 때는 동사의 과거형이 나오곤 하는 것이 대부분의 공통된 고민이라고 생각합니다.

그러므로 이 장에서는 우선 이 책의 핵심인 '한 문장으로 끝내는 Speaking 문법'에 들어가기 앞서 현재시제와 과거시제를 많은 예제를 통해 연습함으로써 능숙하게 구별하여 쓸 수 있도록 구성하였습니다. 다소 귀찮고 힘들더라도 실제로 외국인 앞에서 말해야 하는 상황을 스스로 설정하고 한국어를 먼저 영어로 만들어 본 후 영어 예문을 확인하는 방식으로 공부하시기 바랍니다.

1 현재시제 (1) — 일반동사

현재시제는 현재의 동작, 습관, 불변의 진리 또는 사실 등을 표현할 때 쓰는 시제이다. 즉 매일 하는 일상, 정기적으로 또는 간헐적으로 하는 습관 등을 표현할 때 주로 쓰이며, 과학적인 이치, 또는 사실 등을 구술할 때도 현재시제를 쓴다.

001.

저는 매일 근무합니다.

■ I **work** everyday.

002.

제 아내도 매일 일을 합니다.

■ My wife **also works** everyday.　　　* 3인칭 단수에 유의(동사+'s')

003.

저는 사무실까지 걸어서 출근합니다.

■ I **walk to** my office.

004.

그녀는 운전해서 출근합니다.

■ She **drives** to work.

005.

우리는 매일 아침 일찍 일어납니다.

■ We **get up early** every morning.

006.

제 아이들은 학교에 다닙니다.

■ My children **go to school**.

007.

제 아이들은 공부를 열심히 합니다.

■ My children **study** hard.

008.

제 아이들은 공부를 열심히 하지 않습니다.

■ My children **don't** **study** hard.

009.

그들은 친구들과 노는 것을 좋아합니다.

■ They **like to play** with their friends.

010.

저는 주말에는 대개 등산(하이킹)을 갑니다.

■ I usually **go hiking** on weekends.

011.

제 아내는 요리하는 것을 좋아하지 않습니다.

■ My wife **doesn't** **like** cooking.

012.

우리는 저녁에 TV를 많이 보지 않습니다.

■ We **don't watch** TV a lot in the evening.

013.

우리는 거의 매일 아침을 먹습니다.

■ We **eat breakfast** almost everyday.

014.

저는 가끔 아침을 거르기도 합니다.

■ I sometimes **skip** breakfast.

015.

우리는 가끔 외식을 합니다.

■ We sometimes **eat out**.

016.

우리는 대개 집에서 저녁을 같이 먹습니다.

■ We usually **have dinner** together at home.

2 과거시제 (1) — 일반동사

용법 해설

과거시제는 단순히 과거에 일어난 행위나 상태, 과거에 일어난 사실(또는 역사적 사실) 등을 표현할 때 쓰인다.

* 영어에서 가장 쉬우면서도 실제 회화에서는 생각만큼 바로 입에서 나오지 않는 것이 동사의 과거형이므로 익숙해질 때까지 부단한 연습이 필요하다.

예제 연습

---

001. 저는 그를 봤습니다(만났습니다).

■ I **saw** him.

---

002. 그는 그 책을 읽었습니다.

■ He **read** the book.　　　　* 현재형과 같으나 발음이 다른 것에 주의

---

003. 그들은 제 가방을 찾았습니다.

■ They **found** my bag.

---

004. 그녀는 벌써 제게 말하였습니다.

■ She already **told** me.

005.

저는 그를 돕지 않았습니다.

■ I **didn't** help him.

006.

그는 제게 말하지 않았습니다.

■ He **didn't** tell me.

007.

그들은 표를 구하지 못했습니다.

■ They **didn't** get a ticket(*or tickets*).

008.

당신은 어제 그를 봤습니까?

■ **Did** you see him yesterday?

009.

그는 그 책을 읽었습니까?

■ **Did** he read the book?

010.

그녀는 벌써 당신에게 말하였습니까?

■ **Did** she already tell you?

011.

그들은 제 가방을 찾았습니까?

■ **Did** they find my bag?

012.
당신은 언제 그 소식을 들었습니까?
■ **When did you** hear the news?

013.
당신은 어디서 그 양복을 샀습니까?
■ **Where did you** buy that suit?

014.
당신은 그와 뭘 하였습니까?
■ **What did you** do with him?

015.
당신은 어떻게 그 표를 구했습니까?
■ **How did you** get the ticket?

 – 현재

001.

저는 지쳤습니다.

- I **am** exhausted.

002.

그는 그 소식을 들어서 기쁩니다.

- He **is** happy to hear the news.

003.

그들은 그녀를 다시 봐서 매우 신납니다.

- They **are** very excited to see her again.

004.

저는 제 아들이 자랑스럽습니다.

- I **am** proud of my son.

005.

당신은 배가 고픕니까?

- **Are you** hungry?

006.

그는 당신에게 화났습니까?

- **Is he** angry with(=*mad at*) you?

007.

그들은 피곤합니까?

■ **Are they** tired?

008.

그녀는 그 소식을 듣고 기뻐합니까?

■ **Is she** happy to hear the news?

–과거

001.

저는 실망했었습니다.

■ I **was** disappointed.

002.

그는 거기에서 그녀를 봐서 놀랐었습니다.

■ He **was** surprised to see her there.

003.

그녀는 그 이야기를 듣고 매우 슬펐습니다.

■ She **was** so sad to hear the story.

004.

그들은 모두 그에게 화가 났었습니다.

■ They **were** all angry with him.

당신은 어제 화가 났었습니까?

■ **Were you** angry yesterday?

당신은 그 소식을 듣고 놀랐었습니까?

■ **Were you** surprised to hear the news?

그녀는 새 드레스에 기뻐했습니까?

■ **Was she** happy with the new dress?

제가 말했을 때 그들은 혼란스러워 했습니까?

■ **Were they** confused when I talked?

※ 일반동사와 be+형용사를 같이 쓸 때

제 생각에 그녀는 긴장한 것 같습니다.

■ **I think** she **is** nervous.   * think 다음 that 생략 - 이하 같음

그는 매우 부자라고 사람들이 말합니다.

■ They **say** he **is** very rich.

003.

당신은 우리가 스트레스 받았다고 생각하십니까?

■ **Do you think** we **are** stressed?

004.

그는 당신이 그것에 불만족스러웠다고 말했습니다.

■ He **said** you **were** unhappy with it.

005.

그는 우리가 여기에 있었다는 걸 알았나요?

■ **Did he** know we **were** here?

006.

당신은 제가 회의에 참석하고 있었다는 걸 그들에게 말했습니까?

■ **Did you** tell them I **was** at the meeting?

007.

그는 그녀가 피곤했다는 걸 몰랐습니다.

■ He **didn't know** she **was** tired.

008.

당신은 당신이 당황했었다는 걸 제게 말하지 않았습니다.

■ You **didn't** tell me you **were** embarrassed.

4 현재시제 (2)
— 빈도부사 및 의문문

현재시제와 함께 많이 쓰이는 sometimes, often, usually…… 등의 빈도부사는 항상 동사 바로 전에 위치한다(의문문일 경우는 do가 아닌 본동사 바로 전).

001.

저는 일찍 일어납니다.

■ I **get up** early.

002.

당신은 일찍 일어납니까?

■ **Do you** get up early?

003.

저는 대개 일찍 일어납니다.

■ I **usually** get up early.

004.

저는 가끔 늦게 일어납니다.

■ I **sometimes** get up late.

005. 당신은 대개 아침을 먹습니까?

■ Do you **usually** eat breakfast?

006. 그는 항상 아침을 먹습니까?

■ Does he **always** eat breakfast?

007. 그들은 항상 아침에 운동을 합니까?

■ Do they **always** exercise in the morning?

008. 그들은 아침에 전혀 운동을 하지 않습니다.

■ They **never** exercise in the morning.

009. 당신은 종종 당신의 친구들을 만납니까?

■ Do you **often** see your friends?

010. 그는 가끔 그의 친구들을 만납니다.

■ He **sometimes** see his friends.

011. 그녀는 당신에게 자주 전화합니까?

■ Does she **often** call you?

012.

그녀는 제게 전혀 전화하지 않습니다.

■ She **never** calls me.

013.

당신은 가끔 당신 부인을 돕습니까?

■ Do you **sometimes** help your wife?

014.

저는 가끔 아내와 외식을 합니다.

■ I **sometimes** eat out with my wife.

015.

당신은 얼마나 자주 당신 아내와 외식을 합니까?

■ **How often** do you eat out with your wife?

016.

당신은 얼마나 자주 친구들과 등산을 갑니까?

■ **How often** do you go hiking with your friends?

5 과거시제 (2) — 일반동사 Review

예제
연습

001.

저는 그걸 했습니다. / 저는 그걸 안 했습니다.

■ I **did** it. / I **didn't** do it.

002.

저는 숙제를 하지 않았습니다.

■ I **didn't** do my homework.

003.

그는 일을 끝냈습니까?

■ **Did he** finish his work?

004.

당신은 제게 뭔가 말하였습니까?

■ **Did you say** anything(=*something*) to me?

005.

저는 아무에게도 아무 말 하지 않았습니다.

■ I **didn't** say anything to anybody.

006.

누가 저에 대해 무슨 말을 하였습니까?

■ **Did anybody** say anything about me?

007.

누가 그렇게 말했습니까?

■ **Who said** that?

008.

저는 누가 거기에 갔는지 모릅니다.

■ I don't know **who went** there.

009.

그가 제게 여기로 오라고 말하였습니다.

■ **He told** me to come here.　　　　(tell somebody to 동사)

010.

누가 당신에게 여기를 떠나라고 말하였습니까?

■ **Who told** you to leave here?

011.

저는 당신에게 그것을 하지 말라고 말하였습니다.

■ **I told** you not to do it.　　　　(tell somebody not to 동사)

012.

저는 그 문제에 대해 생각하였습니다.

■ I **thought** about the problem.

013.

당신은 오늘 아침에 신문을 읽었습니까?

■ **Did you read** the newspaper this morning?

014.
저는 그것에 대해 물어보려고 그에게 전화했습니다.
■ **I called** him to ask about it.

015.
그는 지난달 그 시험에 합격하였습니까?
■ **Did he pass** the exam last month?

016.
당신은 뭘 하고 싶었습니까?
■ **What did you** want to do?

017.
그들은 왜 여기에 머물렀습니까?
■ **Why did they** stay here?

018.
그녀가 언제 당신에게 말했습니까?
■ **When did she tell** you?

019.
그는 어디서 당신이 뛰고 있는 걸 보았습니까?
■ **Where did he see** you running?

6 현재 및 과거시제 — 일반동사

001.

저는 과일을 좋아합니다. 그러나 채소는 좋아하지 않습니다.

■ I **like** fruit. But I **don't like** vegetable.

002.

당신은 과일을 좋아합니까? 그도 과일을 좋아합니까?

■ **Do you** like fruit? **Does he** like fruit, too?

003.

당신은 무슨 과일을 좋아합니까?

■ What fruit **do you** like?

004.

그는 무슨 스포츠를 좋아합니까?

■ What sport **does he** like?

005.

당신은 항상 아침을 먹습니까?

■ Do **you always** eat breakfast?

006.

당신은 아침으로 대개 뭘 먹습니까?

■ What **do you usually** eat for breakfast?

007.
당신의 부인은 한가할 때 무엇을 합니까?
■ What **does your wife** do when she's free?

008.
그녀는 가끔 피아노를 칩니까?
■ **Does she sometimes** play the piano?

009.
당신은 연주할 수 있는 악기가 있습니까?
■ **Do you** play any musical instrument?

010.
당신은 대개 언제 친구들과 술을 마십니까?
■ When **do you usually** drink with your friends?

011.
저는 어제 제 아이들과 공원에 갔습니다.
■ I **went** to the park with my children yesterday.

012.
그는 가족들과 동물원에 가지 않았습니다.
■ He **didn't go** to the zoo with his family.

013.
저는 당신 상사에게 그 회의에 대해 말하였습니다.
■ I **talked** to your boss about the meeting.

014.

당신은 어릴 때 피아노를 쳤습니까?

■ **Did you** play the piano when you were young?

015.

그는 그 여행에 대해 부인에게 말하였습니까?

■ **Did he** tell his wife about the trip?

016.

당신은 어디로 쇼핑을 갔습니까?

■ Where **did you** go shopping?

017.

그는 학생이었을 때 무슨 스포츠를 좋아했습니까?

■ What sport **did he** like when he was a student?

018.

그녀는 그 드레스를 사기 위해 어디에 갔습니까?

■ Where **did she** go to buy that dress?

019.

그는 언제 한국어를 배우기 시작했습니까?

■ When **did he** begin to learn the Korean language?

예제
연습

---

001. 그 수업은 지난주에 시작했습니다. (begin)
- The class **began** last week.

---

002. 그녀는 먹을 것을 가져왔습니다. (bring)
- She **brought** something to eat.

---

003. 그들은 자신들의 집을 지었습니다. (build)
- They **built** their own house.

---

004. 그녀는 제게 좋은 양복을 사주었습니다. (buy)
- She **bought** me a nice suit.

---

005. 저는 저의 주머니에서 열쇠를 찾았습니다. (find)
- I **found** my keys in my pocket.

---

006. 그는 며칠 전에 제 MP3 플레이어를 망가뜨렸습니다. (break)
- He **broke** my MP3 player a few days ago.

007.
경찰은 그가 은행을 터는 것을 잡았습니다. (catch)
■ The police **caught** him robbing a bank.

008.
저는 프랑스 대신 이탈리아에 가기로 결정했습니다. (choose to~)
■ I **chose to** go to Italy instead of France.

009.
저는 그걸 사는 데 돈이 엄청나게 들었습니다. (cost)
■ It **cost** me a lot of money to buy it.

010.
저는 근사한(고급스러운) 식당에서 저녁을 먹었습니다. (eat)
■ I **ate** dinner at a fancy restaurant.

011.
그는 땅바닥에 쓰러졌습니다. (fall)
■ He **fell** down on the ground.

012.
그들은 적에 맞서(또는 적과) 싸웠습니다. (fight)
■ They **fought** against(*or with*) the enemy.

013.
저는 뛰고 난 후에 피곤함을 느꼈습니다. (feel~)
■ I **felt** tired after running.

014. 그는 제게 전화해야 하는 걸 까맣게 잊었습니다. (forget to~)
- He totally **forgot to** give me a call.

015. 선생님은 제 실수를 용서하였습니다. (forgive)
- The teacher **forgave** me for my mistake.

016. 저는 일전에 미팅을 나갔었습니다. (go on a blind date)
- I **went** on a blind date the other day.

017. 그 나라의 경제는 전쟁 이후 상당히 커졌습니다. (grow)
- The country's economy **grew** a lot after the war.

018. 저는 형이 들어왔을 때 침대 밑에 숨었습니다. (hide, come)
- I **hid** under the bed when my brother **came** in.

019. 저는 제가 하던 걸 그냥 계속 했습니다. (keep)
- I just **kept** doing what I was doing.

020. 그가 사업에 성공하리라는 걸 모두가 알았습니다. (know)
- Everybody **knew** he would succeed in his business.

021.

저는 출발 4시간 전에 집을 나섰습니다. (leave)

■ I **left** my house 4 hours prior to the departure time.

022.

아버지는 제게 살 집을 하나 빌려주셨습니다. (lend)

■ My father **lent** me a house to live in.

023.

그는 제 사업에 투자해서 돈을 모두 잃었습니다. (lose)

■ He **lost** all of his money by investing in my business.

024.

그는 돈을 더 벌기로 결심했습니다. (make a decision to~)

■ He **made** a decision to earn more money.

025.

저는 소금을 설탕으로 착각했습니다. (mistake ~ for⋯)

■ I **mistook** the salt **for** sugar.

026.

그는 그의 사무실 근처 술집으로 저를 데려갔습니다. (take)

■ He **took** me to a bar near his office.

027.

그는 그의 일을 그만 두고 새로운 일을 얻었습니다. (quit, get)

■ He **quit** his job and **got** a new job.

028. 전화가 울렸지만 저는 그걸 받지 않았습니다. (ring)
- The phone **rang** but I didn't answer it.

029. 저는 벽에 옷들을 걸었습니다. (hang)
- I **hung** my clothes on the wall.

030. 그의 어머니는 제게 먹을 것과 마실 것을 주셨습니다. (give)
- His mother **gave** me something to eat and drink.

031. 그들은 벌써 누군가를 거기에 보냈습니다. (send)
- They already **sent** somebody there.

032. 저는 어젯밤 친구들과 맥주를 너무 많이 마셨습니다. (drink)
- I **drank** too much beer with my friends last night.

033. 저는 어제 하루 종일 잤습니다. (sleep)
- I **slept** all day yesterday.

034. 그는 그 양복을 단돈 5만 원 주고 샀습니다. (pay)
- He **paid** only 50,000 won for that suit.

035.

그녀는 내 손을 잡고 울었습니다. (hold)

■ She **held** my hand and cried.

036.

저희 아버지는 제게 운전하는 법을 가르쳐 주셨습니다. (teach)

■ My father **taught** me how to drive.

037.

저는 그녀와 그 콘서트에 가고 싶은 기분이 들었습니다. (feel like ~ing)

■ I **felt** like going to the concert with her.

038.

그녀는 남편이 바람피운 것을 용서했습니다. (forgive)

■ She **forgave** her husband **for** cheating on her.

039.

저는 그녀가 이혼할 것이라고 말하는 걸 우연히 들었습니다. (overhear)

■ I **overheard** her saying she would divorce.

001.
당신의 주말은 어땠습니까? (주말을 어떻게 보내셨어요?)
- How **was** your weekend?

002.
주말 동안 뭘 하셨습니까?
- What **did you do** over the weekend(=*during the weekend*)?

003.
뭐 특별한 거라도 하셨습니까?
- **Did** you do anything special?

004.
늦잠 자고 그냥 대부분의 시간을 집에서 쉬었습니다.   (늦잠 자다: sleep in)
- I **slept in** and just **relaxed** at home most of the time.

005.
저는 친구들과 수락산으로 등산(하이킹)을 갔습니다.
- I **went hiking** to Mt. Surak with my friends.

우리가 정상까지 가는 데 거의 두 시간 걸렸습니다.

■ It **took** us almost two hours to reach the top.

우리는 그 후 점심과 약간의 술을 먹었습니다.

■ We **had lunch** and a little bit of drink after that.

저는 집에 오후 4시경에 왔습니다.

■ I **got home** around 4 in the afternoon.

당신은 등산 후에 피곤했습니까?

■ **Were** you tired after hiking?

저는 피곤해서 약 한 시간가량 낮잠을 잤습니다.

■ As I **was** tired, I **took a nap** for about an hour.

제 아이들이 저녁으로 피자를 먹고 싶어 했습니다.

■ My kids **wanted to** have(=*eat*) pizza for dinner.

우리는 모두 가장 가까운 피자집에 갔습니다.

■ We all **went out** to the nearest pizza restaurant.

013.

제 아들은 피자 먹는 걸 매우 즐거워했습니다.

■ My son **was** very pleased to eat pizza.

014.

저는 서울에 계신 부모님을 방문했습니다.

■ I **visited** my parents in Seoul.

015.

당신 부모님은 당신을 보고 기뻐하셨습니까?

■ **Were** your parents happy to see you?

016.

그들은 우리 모두를 보고 놀라셨습니다.

■ They **were** surprised to see us all.

017.

어제가 아버지의 생신이었습니다.

■ It **was** my father's birthday yesterday.

018.

제 형과 여동생도 아버지의 생신을 축하하기 위해 왔습니다.

■ My brother and sister also **came** to celebrate his birthday.

019.

그들은 우리 모두와 함께 저녁 식사를 해서 매우 즐거워하셨습니다.

■ They **were** very glad to have dinner with us all.

Part. 2

한 문장으로 끝내는
Speaking 문법

입시부터 각종 공인 영어시험에 이르기까지 소위 시험의 달인이라고 할 정도로 영어 문법에 자신이 있다고 하는 사람들도 실제 영어로 말하거나 쓰려고 할 때는 갑자기 문법에 자신이 없어지는 경우가 많습니다. 수동적으로 주어진 문장을 해석하고 이해하는 능력(receptive skill)과 능동적으로 문장을 만드는 능력(productive skill)은 다르기 때문입니다.

그러나 영어로 쓰거나 말할 때 표현이 자연스럽게 바로 떠오를 수 있도록 문법별로 상황에 필요한 대표 문장을 외우고 있다면 그 문장을 응용하여 훨씬 쉽게 문장을 만들 수 있습니다. 이 장의 1절 핵심 문장 암기를 시작으로 2절 응용 표현의 실제 연습까지 수차례 반복하다 보면 영어회화는 여러분이 생각하는 것보다 훨씬 쉬워집니다!

1 문법을 쉽게 이해하도록 도와주는 핵심 문장 모음

다음에 나오는 137개 문장은 영어회화에서 올바른 영어를 구사하기 위해 반드시 알아야 하는 중요 문법을 쉽게 이해하게 해주고, 다양한 문장을 유창하게 구사할 수 있게 만들어 주는 필수 문장이므로 꼭 모두 암기한 이후에 다음 장의 문법별 상세 설명 및 예문 연습을 공부하도록 하십시오.

단, 문장을 무조건 암기하는 것보다는 문장마다 내포하고 있는 문법의 포인트를 음미하면서 암기하기 바랍니다.

※ 문법별로 문장 1개를 예로 드는 것을 기본 원칙으로 하였으나, 중요도 및 난이도에 따라, 또는 유창한 회화를 위해 필요하다고 판단되는 경우에는 1~2개의 문장을 추가하였음에 유의하시기 바랍니다.

"아래에 주어진 우리말을 일단 한번 영어로 직접 만들어 보고 난 후에 정확하게 구사할 수 있도록 항상 암기하십시오."

001.
저는 책을 읽고 있습니다.　　　　　　　현재진행형

■ I am reading a book.

002.
당신은 지금 무엇을 하고 있습니까?　　　현재진행형 의문문

■ What are you doing now?

003.

저는 그때 점심을 먹고 있었습니다.

■ I was eating lunch then.

004.

당신은 무엇을 하고 있었습니까?

■ What were you doing?

005.

저는 가고 싶습니다.

■ I want to go.

006.

당신은 지금 가고 싶습니까?

■ Do you want to go now?

007.

저는 그를 보고 싶지 않습니다.

■ I don't want to see him.

008.

당신은 무엇을 하고 싶습니까?

■ What do you want to do?

009.

저는 지금 가야 합니다.

■ I have to go now.

010.

당신은 일찍 떠나야 합니까?

■ Do you have to leave early?

011.

당신은 내일 일할 필요가 없습니다.

■ You don't have to work tomorrow.

012.

당신은 뭘 사야 합니까?

■ What do you have to buy?

013.

저는 집에 있을 겁니다.

■ I'm going to stay home.

014.

당신은 내일 무엇을 할 것입니까?

■ What are you going to do tomorrow?

015.

제가 갖다 드리겠습니다.

■ I will get it for you.

016.

우리와 동참하시겠습니까?

■ Will you join us?

017.

아무에게도 말하지 않겠습니다.

will 부정문

■ I won't tell anybody.

018.

저는 오늘밤 친구들을 만날 겁니다.

미래(3)-현재진행형 형태

■ I'm meeting my friends tonight.

019.

오늘밤 당신은 뭘 하실 겁니까?

현재진행형 형태 의문문

■ What are you doing tonight?

020.

당신은 영어를 할 줄 아십니까?

can 용법(능력)

■ Can you speak English?

021.

그것은 사실일 수도 있습니다.

could 용법(가능성)

■ It could be true.

022.

그는 그 사실을 알 수도 있습니다.

may 용법(가능성, 추측)

■ He may know the truth.

023.

당신은 그것을 좋아할 수도 있습니다.

might 용법(가능성, 추측)

■ You might like it.

024. 당신은 규칙을 따라야 합니다.　　　　　　　**must 용법**

■ You must follow the rule.

025. 당신은 피곤해 보입니다. 잠을 자는 게 좋겠어요.　**should 용법(충고)**

■ You look tired. You should go to bed.

026. 당신은 우산을 가져가는 게 좋을 겁니다.

had better(강한 충고, 협박)

■ You had better take an umbrella.

027. 저는 젊었을 때 빨리 뛸 수 있었습니다.　**can의 과거-일반적인 능력**

■ I could run fast when I was young.

028. 그는 부상에도 불구하고 그 경기를 이길 수 있었습니다.

can의 과거-특정 상황에서의 능력(1)

■ He was able to win the game despite the injury.

029. 저는 마침내 컴퓨터를 고칠 수 있었습니다.

can의 과거-특정 상황에서의 능력(2)

■ I finally managed to fix the computer.

030.

저는 다시 와야 할 것입니다.

■ I will have to come again.

031.

당신은 내일 일할 필요가 없을 것입니다.

■ You won't have to work tomorrow.

032.

당신은 그 시험에 합격할 수 있을 것입니다.

■ You will be able to pass the exam.

033.

저는 당신을 다시 볼 수 없을 것입니다.

■ I won't be able to see you again.

034.

저는 할 것이 있습니다.

■ I have something to do.

035.

영어를 공부하는 건 어렵습니다.

■ It is difficult to study English.

036.

저는 그걸 하는 게 어렵다는 걸 알았습니다.

가목적어 it - find it ~ to···

■ I found it difficult to do that.

037.

그 버스는 2시에 출발합니다.

미래(4) - 현재시제 형태

■ The bus leaves at 2.

038.

저는 당신에게 전화하는 걸 잊었습니다.

forget to~ 용법

■ I forgot to call you.

039.

저는 지난주에 당신에게 전화했다는 걸 잊었습니다.

forget ~ing 용법

■ I forgot calling you last week.

040.

저는 술을 많이 마시곤 했습니다.

used to 용법

■ I used to drink a lot.

041.

당신은 매일 운동하곤 했습니까?

used to 의문문

■ Did you use to exercise everyday?

042.

당신의 아버지는 어떻게 지내십니까?　　　　　how 용법

■ How is your father?

043.

당신은 피곤해 보입니다.　　　　　look 용법

■ You look tired.

044.

저는 당신이 그걸 지금 해주었으면 합니다.

want somebody to~ 용법

■ I want you to do it now.

045.

당신은 제가 그걸 하길 원합니까?　　　want somebody to~ 의문문

■ Do you want me to do it?

046.

저는 무슨 말을 해야 할지 모르겠습니다.　　　의문사구

■ I don't know what to say.

047.

저는 당신이 무슨 말을 하고 있는지 모르겠습니다.

의문사절(1)-목적어 역할

■ I don't know what you're talking about.

048.

저는 여행을 많이 해봤습니다.

현재완료(1) - 경험

- I have traveled a lot.

049.

저는 숙제를 끝냈습니다.

현재완료(2) - 완료

- I have finished my homework.

050.

당신은 오늘 그를 봤습니까?

현재완료(3) - 아직 끝나지 않은 시점

- Have you seen him today?

051.

저는 당신을 계속 찾아 왔습니다.

현재완료진행(1) - 방금 전까지 하던 일

- I've been looking for you.

052.

저는 10년 동안 영어를 공부해 왔습니다.

현재완료진행(2) - 지금도 계속 하는 일

- I've been studying English for 10 years.

053.

그것을 내게 주시오!

수여동사

- Give me that! *or* Give that to me!

054.

그는 부자인 것 같습니다.

■ He seems to be rich. *or* It seems that he is rich.

055.

그는 (과거에) 부자였던 것 같이 보입니다.

■ He seems to have been rich. *or* It seems that he was rich.

056.

가기에는 너무 늦었습니다.

■ It's too late to go.

057.

이 기회가 너무 좋아서 저는 놓칠 수가 없습니다.

■ This opportunity is so good that I can't miss it.

058.

제가 원하는 것은 이것입니다.

■ What I want is this.

059.

질문이 있을 땐 제게 물어보세요.

■ Ask me when you have questions.

060.

저는 이 일을 끝낸 후에 점심을 먹겠습니다.

■ I will have lunch after I finish the work.

061.

제가 거기 도착하자마자 당신에게 전화하겠습니다.

as soon as~ 용법-종속접속사

■ I will call you as soon as I get there.

062.

저는 그 영화를 보는 동안 잠이 들어버렸습니다.

while 용법-종속접속사

■ I fell asleep while (I was) watching the movie.

063.

당신이 부자였었다는 걸 저는 알고 있었습니다.

과거완료

■ I knew you had been rich.

064.

이 집은 작년에 지어졌습니다.

수동태(1)-과거형

■ This house was built last year.

065.

이 방은 매일 청소됩니다.

수동태(2)-현재형

■ This room is cleaned everyday.

066.

저는 그 파티에 초대되었습니다.

수동태(3)-완료형

■ I have been invited to the party.

067.

사무실은 내일 페인트가 칠해질 것입니다.

■ The office will be painted tomorrow.

068.

비가 올 것 같습니다.

■ It looks like it's going to rain.

069.

당신은 (목소리가) 감기에 걸린 것 같이 들립니다.

■ You sound like you have a cold.

070.

(거기에는) 할 것이 없습니다.

■ There is nothing to do.

071.

저는 다음 달에 떠나기로 되어 있습니다.

■ I'm supposed to leave next month.

072.

당신은 내일 무엇을 하기로 되어 있습니까?

■ What are you supposed to do tomorrow?

073.

제가 뭐 좀 여쭤 봐도 되겠습니까?

■ Could I ask you something?

074.

역까지 가는 길을 알려주시겠습니까?

■ Would you tell me the way to the station?

075.

창문을 열어도 되겠습니까?

■ Shall I open the window?

076.

저희를 방문해주셨으면 합니다.

■ I would like you to visit us.

077.

당신은 어떻습니까?

■ How about you? (=*What about you?*)

078.

그 사람한테 물어보지 그러세요?

■ Why don't you ask him?

079.

비가 오면 저는 집에 있을 겁니다.

■ If it rains, I will stay home.

080.

저는 당신이 두렵습니다.

■ I'm afraid of you.

081.

그 영화가 지루해서 저는 따분했습니다.

■ The movie was boring, so I was bored.

082.

무슨 근거로 당신은 그렇게 말합니까?

■ What makes you say so?

083.

그가 당신을 돕도록 제가 시키겠습니다.

■ I'll get him to help you.

084.

저는 사랑할 누군가가 필요합니다.

■ I need somebody to love.

085.

제가 새라면 당신에게 날아갈 것입니다.

■ If I were a bird, I would fly to you.

086.

제가 백만장자였으면 좋겠습니다.

■ I wish I were a millionaire.

087.

당신은 더 일찍 왔어야 했습니다.

■ You should have come earlier.

088.

그는 그 사실을 알았던 게 틀림없습니다.

■ He must have known the fact.

089.

당신은 적어도 제게 말해줄 수는 있었잖아요.

■ At least, you could have told me.

090.

그는 파티에 갔을 수도 있습니다.

■ He may have gone to the party.

091.

당신이 저를 도울 수 있을지 궁금합니다.

간접의문문(1)-if, whether 용법

■ I wonder if(=*whether*) you can help me.

092.

제가 그것 찾는 것을 도와주십시오.

help 용법

■ Help me find it.

093.

그는 부자라고 합니다.

수동태(5)-be said to~

■ He is said to be rich. *or* It is said that he's rich.

094.

그는 부자였다고 합니다.

수동태(6)-be said to have p·p~

■ He is said to have been rich. *or* It is said that he was rich.

095.

그는 행복해 보입니다.

seem 용법(3)-to be의 생략

■ He seems happy. (=*He seems to be happy.*)

096.

그는 올 것 같습니다.

be likely to 용법

■ He is likely to come. (=*It is likely that he will come.*)

097.

화내지 마십시오.

■ Don't get angry.

098.

저는 그가 뛰고 있는 걸 보았습니다.

■ I saw him running.

099.

저는 그가 사무실에서 나가는 것을 보았습니다.

■ I saw him leave the office.

100.

당신은 제가 누구라고 생각합니까?

■ Who do you think I am?

101.

그곳이 제가 태어난 곳입니다.

■ That's (the place) where I was born.

102.

그때가 제가 그를 만났던 때였습니다.

■ That was (the time) when I met him.

103.

이게 제가 그걸 하는 방법입니다.

■ This is (the way) how I do it.

104.

그게 제가 당신을 필요로 하는 이유입니다. 이유의 설명

■ That is (the reason) why I need you.

105.

그 사람이 그것을 한 사람입니다. 사람의 설명

■ He is the man who did it.

106.

그것이 제가 원하는 것입니다. 물건의 설명

■ That's what I want.

107.

저는 거기에서 일하는 것이 좋습니다. like ~ing 용법

■ I like working there.

108.

당신이 부탁했었다면 저는 당신을 도왔을 것입니다.

3rd Conditional-과거 사실에 대한 가정

■ If you had asked, I would have helped you.

109.

가능한 한 빨리 집에 오십시오. as~as··· 용법(1)

■ Come home as soon as possible.

110.

제가 할 수 있는 한 빨리 그것을 끝내겠습니다. as~as··· 용법(2)

■ I will finish it as soon as I can.

111.

당신이 그 말로 의미하는 게 무엇입니까?　　　mean 용법(1)

■ What do you mean by that?

112.

저는 그 말을 하려는 게 아니었습니다.　　　mean 용법(2)

■ I didn't mean to say that.

113.

서두르세요. 그렇지 않으면 당신은 늦을 겁니다.　　　or 용법

■ Hurry up, or you will be late.

114.

서두르세요. 그러면 당신은 제 시간에 맞출 겁니다.　　　and 용법

■ Hurry up, and you will be in time.

115.

성공하기 위해서 당신은 열심히 일해야 합니다.

in order to 용법(1)

■ You should work hard in order to succeed.

116.

당신은 감기에 걸리지 않기 위해선 옷을 따뜻하게 입어야 합니다.

in order to 용법(2)-부정

■ You should dress warmly in order not to catch cold.

117.

당신이 건강한 게 중요합니다.　　　가주어 it(2)-It is~ that···

■ It is important that you be in good health.

118.

저는 일요일에 일하는 것을 개의치 않습니다.　　　**mind 용법**

■ I don't mind working on Sundays.

119.

비록 저는 가난하지만 행복합니다.　　　**though 용법**

■ Though I'm poor, I'm happy.

120.

비가 온다 해도 우리는 가야 합니다.　　　**even if 용법**

■ Even if it rains, we have to go.

121.

그는 모든 걸 다 아는 것처럼 말합니다.　　　**as if 용법**

■ He talks as if he knew everything.

122.

저는 그가 갈 것을 제안하였습니다.　　　**제안, 추천, 권고**

■ I suggested (that) he go.

123.

이제 당신이 일어나야 할 시간입니다.　　　**동사 과거형의 비과거 의미(1)**

■ It's time you got up.

124.

저는 당신이 아무 말도 하지 않았으면 좋겠습니다.

동사 과거형의 비과거 의미(2)

■ I would rather you said nothing.

125.

저는 그가 성공할 수 있을지 확신하지 못합니다. **sure 용법(1)**

■ I'm not sure if he will succeed.

126.

제가 왜 이걸 하고 있는지 알 수가 없습니다. **sure 용법(2)**

■ I'm not sure why I'm doing this.

127.

당신은 확실히 성공할 것입니다. **sure 용법(3)**

■ You are sure to succeed.

128.

당신은 당신이 원하는 건 뭐든지 할 수 있습니다. **복합관계사**

■ You can do whatever you want.

129.

물을 가열하면 (그것이) 끓습니다.

Zero Conditional-진리, 단순 사실 가정

■ If you heat water, it boils.

130.

당신은 보면 볼수록 그를 더 좋아하게 될 것입니다.

the 비교급, the 비교급

■ The more you see, the more you'll like him.

131.

저는 그것을 곧 끝낼 것입니다. get/have+목적어+과거분사 용법

- I'll get it done soon.

132.

그에게 전화해보지 그러세요? Why not~? 용법

- Why not give him a call?

133.

제가 안 가면 어떻게 됩니까? What if~? 용법

- What if I don't go?

134.

어떻게 그가 그것을 알게 되었습니까? How come~? 용법

- How come he knew that?

135.

저는 도움을 받고 있습니다. 수동태(7)-진행형

- I'm being helped.

136.

늦어서 죄송합니다.

being의 그 외 용법(be의 진행형, 동명사)

- I'm sorry for being late.

137.

그걸 하는 건 쉬운 것 같습니다. It seems~to… 용법

- It seems easy to do that.

2 핵심 문장을 통한 문법 설명 및 예문 연습

다음에 나오는 137개의 핵심 문장을 통한 문법 설명은 보통의 문법책과는 달리 영어회화시 난이도, 또는 학습자의 자연스러운 단계별 이해를 고려해 순서를 정하였으니 가급적 차례대로 공부하기 바랍니다.

본서의 문법 설명은 회화 실력 향상을 위한 것이므로 문법적인 설명을 포인트만 간결하고 명료하게 서술하는 대신 추가적인 예문 연습을 통해 문법을 자연스럽게 이해하도록 유도하였으며, 굳이 설명이 필요 없는 문법 부분에 대해서는 설명을 생략하였습니다.

"앞에서 이미 공부한 각 핵심 문장도 다시 한 번 스스로 만들어 보고 예문 연습을 하십시오."

저는 책을 읽고 있습니다.

■ I **am reading** a book.

예문 연습

- 저는 가방을 찾고 있습니다.

  ▶ I **am looking** for my bag.

- 그녀는 숙제를 하고 있습니다.

  ▶ She **is doing** her homework.

- 그들은 그에 대하여 이야기하고 있습니다.

  ▶ They **are talking** about him.

- 우리는 그 집을 팔까 생각 중입니다.

  ▶ We **are considering** selling the house.

- 저는 직장을 그만둘까 생각 중입니다.

  ▶ I'm **thinking** of quitting(=*considering quitting*) my job.

- 그는 요새 매우 아름다운 여자와 만나고 있습니다.

  ▶ He **is seeing** a very beautiful woman these days.

- 그들은 그녀를 위한 파티를 준비하는 중입니다.

  ▶ They **are preparing** for a party for her.

002.

당신은 지금 무엇을 하고 있습니까?

■ What **are** you **doing** now?

- 당신은 제게 말하시는 건가요?

  ▶ **Are** you **talking** to me?

- 그는 시험을 위해 공부하고 있나요?

  ▶ **Is** he **studying** for the exam?

- 그들은 회의를 하고 있나요?

  ▶ **Are** they **having** a meeting?

- 너 지금 숙제하고 있니?

  ▶ **Are** you **doing** your homework now?

- 그녀는 누군가를 만나고(사귀고) 있나요?

  ▶ **Is** she **seeing** someone?

- 당신 부모님께서는 지금 오고 계신가요?

  ▶ **Are** your parents **coming** now?

- 당신은 지금 운전 중이에요?

  ▶ **Are** you **driving** now?

- 그는 뭘 하고 있습니까?

  ▶ What **is** he **doing**?

- 당신은 뭘 보고 계십니까?
  - ▶ What **are** you **looking** at?

- 그 여자는 무슨 말을 하고 있습니까?
  - ▶ What **is** she **talking** about?

- 당신은 무슨 말을 하려고 하는 겁니까?
  - ▶ What **are** you **trying** to say?

- 그들은 뭘 읽고 있습니까?
  - ▶ What **are** they **reading**?

- 당신은 누구에게 말하고 있는 건가요?
  - ▶ Who **are** you **talking** to?

003.

저는 그때 점심을 먹고 있었습니다.

과거진행형

■ I **was eating** lunch then.

※ 과거진행형은 특정 과거 시점에 하고 있던 어떤 일의 진행 상황에 대한 표현이며, 특정 시점에 대한 표현(then, when + 과거시제)과 같이 쓰일 때가 많다.

예문 연습

- 저는 누군가와 이야기하고 있었습니다.
  - ▶ I **was talking** to somebody.

- 그는 그때 자기 방을 청소하고 있었습니다.
  ▶ He **was cleaning** his room then.

- 우리는 당신이 전화했을 때 TV를 보고 있었습니다.
  ▶ We **were watching** television when you called.

- 그들은 손을 잡고 걷고 있었습니다.
  ▶ They **were walking** hand in hand.

- 제가 왔을 때 당신은 상사와 대화하고 있었습니다.
  ▶ You **were talking** to your boss when I came.

- 제가 그를 봤을 때 그는 뛰고 있었습니다.
  ▶ He **was running** when I saw him.

- 제가 길에서 그녀를 봤을 때 그녀는 울고 있었습니다.
  ▶ She **was crying** when I saw her on the street.

- 그가 도착했을 때 우리는 축구를 하고 있었습니다.
  ▶ We **were playing** soccer when he arrived.

- 제가 일어났을 때 비가 오고 있었습니다.
  ▶ It **was raining** when I got up.

- 제가 교실에 들어갔을 때 그들은 회의를 하고 있었습니다.
  ▶ They **were having** a meeting when I entered the classroom.

- 제 아내는 제가 집에 돌아왔을 때 자고 있었습니다.
  ▶ My wife **was sleeping** when I returned home.

- 우리는 당신 동네로 이사 갈까 생각하고 있었습니다.
  ▶ We **were thinking** of moving to your neighborhood.

004

당신은 무엇을 하고 있었습니까?

■ What **were** you **doing**?

예문 연습

● 당신은 그때 어딘가에 가고 있었습니까?

▶ **Were** you **going** somewhere then?

● 그들은 일을 하고 있었습니까?

▶ **Were** they **doing** their work?

● 전화가 울리고 있었습니까?

▶ **Was** the phone **ringing**?

● 그는 모자를 쓰고 있었습니까?

▶ **Was** he **wearing** a hat?

● 당신이 그녀를 봤을 때 그녀는 뭔가를 하고 있는 중이었습니까?

▶ **Was** she **doing** something when you saw her?

● 당신은 내가 전화했을 때 뭘 하고 있었습니까?

▶ What **were** you **doing** when I called?

● 제가 왔을 때 당신들은 무엇에 관해 말하고 있었습니까?

▶ What **were** you **talking** about when I came?

● 당신이 그들을 방문했을 때 그들은 뭘 하고 있었습니까?

▶ What **were** they **doing** when you visited them?

- 당신이 그를 만났을 때 그는 어디에 가고 있었습니까?
  - ▶ Where **was** he **going** when you met him?

- 당신은 거기 있는 동안 무엇을 하고 있었습니까?
  - ▶ What **were** you **doing** while you were there?

- 그녀는 파티에서 무엇을 입고 있었습니까?
  - ▶ What **was** she **wearing** during the party?

- 당신들은 밤새 무엇을 축하하고 있었습니까?
  - ▶ What **were** you **celebrating** all night?

- 당신은 방에서 누구와 얘기하고 있었습니까?
  - ▶ Who **were** you **talking** to in your room?

005.

저는 가고 싶습니다.

■ I **want to** go.

예문 연습

- 저는 당신과 일하길 원합니다.
  - ▶ I **want to** work with you.

- 그는 저와 함께 오고 싶어 합니다.
  - ▶ He **wants to** come with me.

- 그녀는 졸업 후에 저와 결혼하길 원합니다.
  - ▶ She **wants to** marry me after graduation.

- 그들은 여기에 더 오래 머물고 싶어합니다.
  - ▶ They **want to** stay here longer.

- 저는 단지 당신에게 이것을 말하고 싶습니다.
  - ▶ I just **want to** say this to you.

- 우리는 그것에 대해 더 듣고 싶습니다.
  - ▶ We **want to** hear more about it.

- 저는 언젠가 당신 나라를 방문하고 싶습니다.
  - ▶ I **want to** visit your country someday.

- 저는 퇴근 후에 당신을 만나고 싶었습니다.
  - ▶ I **wanted to** see you after work.

- 제 친구들은 떠나고 싶어 했습니다.
  - ▶ My friends **wanted to** leave.

- 그는 많은 돈을 벌고 싶어 했습니다.
  - ▶ He **wanted to** make a lot of money.

- 우리는 그것에 대해 더 이야기하고 싶었습니다.
  - ▶ We **wanted to** talk more about it.

- 그들은 당신에게 도움을 청하고 싶어 했습니다.
  - ▶ They **wanted to** ask you for help.

- 그녀는 당신을 만나서 작별 인사를 하고 싶어 했습니다.
  - ▶ She **wanted to** see you and say good-bye.

006.

당신은 지금 가고 싶습니까?　　　　　　　　

■ **Do** you **want to** go now?

예문 연습

● 당신은 왜 그런지 (이유를) 알고 싶습니까?

▶ **Do** you **want to** know why?

● 당신 뭐 보고 싶어요?　　　　　　　（'제가 뭐 하나 보여줄까요?' 정도의 어감）

▶ **Do** you **want to** see something?

● 그는 지금 오고 싶어 합니까?

▶ **Does** he **want to** come now?

● 그들은 우리를 다시 만나고 싶어 합니까?

▶ **Do** they **want to** meet us again?

● 그녀는 선생님이 되길 원합니까?

▶ **Does** she **want to** be a teacher?

● 당신은 그와 같은 사람이 되고 싶습니까?

▶ **Do** you **want to** be a man like him?

● 그들은 한국 음식을 먹고 싶어 합니까?

▶ **Do** they **want to** eat Korean food?

● 당신은 그녀와 점심 먹길 원했습니까?

▶ **Did** you **want to** eat lunch with her?

- 당신 친구들은 그때 떠나고 싶어 했습니까?
  - ▶ **Did** your friends **want to** leave then?

- 당신은 다른 곳에 가고 싶었습니까?
  - ▶ **Did** you **want to** go somewhere else?

- 그녀는 당신을 다른 곳에서 만나길 원했습니까?
  - ▶ **Did** she **want to** meet you somewhere else?

- 그들은 더 많은 돈을 투자하고 싶어 했습니까?
  - ▶ **Did** they **want to** invest more money?

- 당신은 다른 사람을 보내고 싶었습니까?
  - ▶ **Did** you **want to** send somebody else?

007.
저는 그를 보고 싶지 않습니다.

- ■ **I don't want to** see him.

예문 연습

- 저는 더 이상 돈을 쓰고 싶지 않습니다.
  - ▶ **I don't want to** spend more money.

- 그는 당신에게 도움을 청하고 싶어 하지 않습니다.
  - ▶ **He doesn't want to** ask you for help.

- 당신은 거기 가고 싶지 않군요, 그렇죠?
  - ▶ You **don't want to** go there, do you?

- 저는 그것에 관해 더 이상 말하고 싶지 않습니다.
  - ▶ I **don't want to** talk about it any more.

- 우리는 그 차를 사고 싶지 않습니다.
  - ▶ We **don't want to** buy that car.

- 그녀는 당신과 말하고 싶어 하지 않습니다.
  - ▶ She **doesn't want to** talk to you.

- 그들은 유니폼을 입고 싶어 하지 않습니다.
  - ▶ They **don't want to** wear uniforms.

- 저는 이 말을 당신에게 하고 싶지 않았습니다.
  - ▶ I **didn't want to** say this to you.

- 그는 마음을 바꾸고 싶지 않았습니다.
  - ▶ He **didn't want to** change his mind.

- 그녀는 그에게 거짓말하고 싶지 않았습니다.
  - ▶ She **didn't want to** lie to him.

- 저는 그녀와 더 이상 싸우고 싶지 않았습니다.
  - ▶ I **didn't want to** fight with her any more.

- 그들은 저녁을 먹고 싶어 하지 않았습니다.
  - ▶ They **didn't want to** have dinner.

- 우리는 어떤 실수도 하고 싶지 않았습니다.
  - ▶ We **didn't want to** make any mistakes.

당신은 무엇을 하고 싶습니까?

■ What do you want to do?

예문 연습

● 당신은 왜 그것을 하고 싶습니까?
▶ **Why do** you **want to** do that?

● 당신은 내일 어디에 가고 싶습니까?
▶ **Where do** you **want to** go tomorrow?

● 그녀는 무엇을 갖고 싶어 합니까?
▶ **What does** she **want to** have?

● 우리는 무엇을 정말 성취하고 싶은 것이죠?
▶ **What do** we really **want to** achieve?

● 그는 우선 무엇을 하고 싶어 합니까?
▶ **What does** he **want to** do first?

● 그들은 어디에 가고 싶어 합니까?
▶ **Where do** they **want to** go?

● 당신은 왜 그렇게 일찍 떠나고 싶습니까?
▶ **Why do** you **want to** leave so early?

● 당신은 누구와 먼저 말하고 싶습니까?
▶ **Who**(=*Whom*) **do** you **want to** talk to first?

● 그녀는 언제 자기 일을 그만 두길 원합니까?

▶ **When does** she **want to** quit her job?

● 당신은 어제 무엇을 하고 싶었습니까?

▶ **What did** you **want to** do yesterday?

● 당신은 그때 왜 나를 보고 싶어 했습니까?

▶ **Why did** you **want to** see me then?

● 그녀는 백화점에서 뭘 사고 싶어 했습니까?

▶ **What did** she **want to** buy at the department store?

● 그들은 언제 회의를 하길 원했습니까?

▶ **When did** they **want to** have a meeting?

009.

저는 지금 가야 합니다.

haue to 용법

■ **I have to** go now.   (통화 중에 전화를 끊어야 할 때도 자주 쓰이는 표현)

※ have to는 보통 '의무'를 나타내는 '~해야 한다'의 뜻이지만, 법 또는 규칙 등에 의한 강한 의무를 나타내는 must보다는 약한 의미이며, 회화체에서는 같은 의미로 have got to를 많이 쓴다. 한편 have to의 부정형은 'don't have to / doesn't have to'며 '~할 필요 없다'라는 뜻이다.

예문 연습

● 저는 우선 제 일정부터 확인해 봐야 합니다.

▶ **I have to** check my schedule first.

- 당신은 이 보고서를 지금 당장 보내야 합니다.
  - ▶ You **have to** send this report right now(=*right away*).

- 그녀는 아이를 돌보아야 합니다.
  - ▶ She **has to** take care of her child.

- 당신은 이것을 오후 3시까지 끝내야 합니다.
  - ▶ You **have to** finish this by 3 p.m.

- 그는 그의 상사에게 물어봐야 합니다.
  - ▶ He **has to** ask his boss.

- 그들은 좀 더 주의해야 합니다.
  - ▶ They **have to** be more careful.

- 저는 그것을 다시 해야 했습니다.
  - ▶ I **had to** do it again.

- 그녀는 그가 올 때까지 기다려야 했습니다.
  - ▶ She **had to** wait until he came.

- 그는 어제 초과 근무를 해야 했습니다.
  - ▶ He **had to** work overtime yesterday.

- 그들은 늦게까지 일해야 했습니다.
  - ▶ They **had to** work until late.

- 저는 5시간 이상을 쉬지 않고 운전해야 했습니다.
  - ▶ I **had to** drive for more than 5 hours without rest.

010

당신은 일찍 떠나야 합니까?

■ **Do** you **have to** leave early?

예문 연습

● 저는 (돈을) 더 지불해야 합니까?

▶ **Do** I **have to** pay more?

● 저는 내일 일찍 와야 합니까?

▶ **Do** I **have to** come early tomorrow?

● 당신은 그 보고서를 검토해야 합니까?

▶ **Do** you **have to** review the report?

● 그가 당신의 그 일을 도와야 합니까?

▶ **Does** he **have to** help you with it?

● 그녀는 그 회의에 참석해야 합니까?

▶ **Does** she **have to** attend the meeting?

● 그들은 같은 방법을 사용해야 합니까?

▶ **Do** they **have to** use the same method?

● 우리는 표를 예약해야 합니까?

▶ **Do** we **have to** reserve tickets?

● 당신은 회의를 취소했어야 했습니까?

▶ **Did** you **have to** cancel the meeting?

- 그녀는 그렇게 빨리 떠나야 했습니까?
  - ▶ **Did** she **have to** leave so early?

- 당신은 그 버스를 잡으려고 서둘러야 했습니까?
  - ▶ **Did** you **have to** hurry to catch the bus?

- 그는 경찰을 불러야 했습니까?
  - ▶ **Did** he **have to** call the police?

- 그들은 그 규정들을 따라야 했습니까?
  - ▶ **Did** they **have to** follow the rules?

- 당신은 제게 이걸 했어야 했습니까?
  - ▶ **Did** you **have to** do this to me?

011.

당신은 내일 일할 필요가 없습니다.

`haue to 부정문`

■ You **don't have to** work tomorrow.

예문 연습

- 저는 회의에 참석할 필요가 없습니다.
  - ▶ I **don't have to** attend the meeting.

- 당신은 미안하다고 말할 필요가 없습니다.
  - ▶ You **don't have to** say sorry.

- 그녀는 그것에 대해 지불할 필요가 없습니다.
  - ▶ She **doesn't have to** pay for it.

- 우리는 심각해 할 필요가 없습니다.
  - ▶ We **don't have to** be serious.

- 그는 그것에 대해 사과할 필요가 없습니다.
  - ▶ He **doesn't have to** apologize for that.

- 그들은 그의 제안을 받아들일 필요가 없습니다.
  - ▶ They **don't have to** accept his proposal.

- 저는 그의 도움을 요청할 필요가 없었습니다.
  - ▶ I **didn't have to** ask for his help.

- 당신은 제게 그걸 말할 필요가 없었습니다.
  - ▶ You **didn't have to** tell me that.

- 우리는 새 것을 하나 살 필요는 없었습니다.
  - ▶ We **didn't have to** buy a new one.

- 그는 그것에 대해 제게 사과할 필요가 없었습니다.
  - ▶ He **didn't have to** apologize to me for that.

- 그들이 저를 신뢰할 필요는 없었습니다.
  - ▶ They **didn't have to** trust me.

- 저는 그를 다시 대면할 필요는 없었습니다.
  - ▶ I **didn't have to** face him again.

- 당신은 걱정할 필요가 없었습니다만, 지금은 해야 합니다.
  - ▶ You **didn't have to** worry, but now you have to.

012

당신은 뭘 사야 합니까?

■ What do you have to buy?

haue to 5W1H 의문문

예문 연습

● 저는 내일 늦게까지 일해야 합니까?

▶ **Do I have to** work late tomorrow? (have to 의문문 복습)

● 당신은 그 수업을 다시 들어야 합니까?

▶ **Do** you **have to** take the class again?

● 그는 당신에게 돈을 좀 빌려야 합니까?

▶ **Does** he **have to** borrow some money from you?

● 당신의 부인은 당신이 여기 있다는 걸 알아야 합니까?

▶ **Does** your wife **have to** know that you're here?

● 다음에는 무엇을 해야 합니까?

▶ **What do** I **have to** do next? (have to 5W1H 의문문)

● 우리는 무엇에 대해 이야기해야 합니까?

▶ **What do** we **have to** talk about?

● 그는 제게 무엇을 보고해야 합니까?

▶ **What does** he **have to** report to me?

- 제가 언제 그것을 당신에게 알려드려야 합니까?
  - ▶ **When do** I **have to** let you know that?

- 그는 왜 다른 것을 찾아야 합니까?
  - ▶ **Why does** he **have to** find another one?

- 우리는 왜 그의 신뢰를 얻어야만 합니까?
  - ▶ **Why do** we **have to** win his trust?

- 당신은 그에게 무엇을 주어야만 했습니까?
  - ▶ **What did** you **have to** give him?

- 저는 그를 찾으러 어디로 갔어야 했습니까?
  - ▶ **Where did** I **have to** go (to) find him?

- 당신은 왜 그걸 제게 말했어야 했습니까?
  - ▶ **Why did** you **have to** say that to me?

013.

저는 집에 있을 겁니다. **미래(1)-be going to**

■ **I'm going to** stay home.

※ 미래시제를 나타내는 'be going to~'는 이미 하기로 결정된 것, 또는 이미 하려고 마음먹은 것 등을 표현할 때 쓰인다. 또한 'It's going to rain soon'에서 보듯이 어떤 일이 일어날 가능성이 높다고 판단될 때도 'be going to~'를 사용한다. 한편 과거형인 'was/were going to~'는 보통 ~하려고 하였으나 실제로는 하지 못한 것을 표현할 때 쓸 수 있다.

- 저는 오늘밤 친구들을 만날 것입니다.

  ▶ I'm going to see my friends tonight.

- 저는 다음 달에 새 차를 하나 살 것입니다.

  ▶ I'm going to buy a new car next month.

- 저는 올 여름에 미국으로 여행을 갈 것입니다.

  ▶ I'm going to take a trip to America this summer.

- 그는 졸업 후에 결혼할 것입니다.

  ▶ He's going to marry after graduation.

- 그들은 중국 식당을 개업할 것입니다.

  ▶ They're going to open a Chinese restaurant.

- 저는 거기에 걸어가지 않을 것입니다. 운전해서 갈 겁니다.

  ▶ I'm not going to walk there. I'm going to drive.

- 그는 사임하지 않을 것입니다.

  ▶ He's not going to resign.

- 그런 일은 다시 일어나지 않을 것입니다.

  ▶ It's not going to happen again.

- 저는 운전하려고 했으나 그가 태워주었습니다.

  ▶ I was going to drive but he gave me a ride.

  (의도하였으나 하지 않았을 때)

- 저는 저녁식사 후에 당신에게 전화하려고 했습니다.

  ▶ I was going to call you after dinner. (but I didn't.)

- 우리는 그에게 큰 파티를 열어주려고 했습니다.
  - ▶ We **were going to** give him a big party. (but we didn't.)

014

당신은 내일 무엇을 할 것입니까? **be going to 의문문**

■ What **are** you **going to** do tomorrow?

예문 연습

- 당신은 버스로 갈 것입니까?
  - ▶ **Are** you **going to** go by bus?

- 당신은 여기에 다시 오실 것입니까?
  - ▶ **Are** you **going to** come here again?

- 그가 당신에게 결과를 알려줄 것입니까?
  - ▶ **Is** he **going to** let you know the result?

- 당신은 곧 출장을 갈 것입니까?
  - ▶ **Are** you **going to** go on a business trip soon?

- 그들이 어쨌든 우리를 도와줄 것입니까?
  - ▶ **Are** they **going to** help us anyway?

- 당신은 그녀를 위해 무엇을 살 것입니까?
  - ▶ What **are** you **going to** buy for her?

● 당신은 퇴직 후에 무엇을 하실 것입니까?
  ▶ What **are** you **going to** do after retirement?

● 당신은 어디서 그를 볼 겁니까?
  ▶ Where **are** you **going to** see him?

● 당신은 언제 돌아올 겁니까?
  ▶ When **are** you **going to** come back?

● 당신은 왜 더 일찍 오려고 합니까?
  ▶ Why **are** you **going to** come earlier?

● 그는 실패하면 무엇을 할 작정입니까?
  ▶ What **is** he **going to** do if he fails?

● 당신은 거기서 어디를 방문할 것입니까?
  ▶ Where **are** you **going to** visit there?

● 당신은 어떻게 유명한 배우가 되실 겁니까?
  ▶ How **are** you **going to** become a famous ac-
    tor?

015.

제가 갖다 드리겠습니다.

미래(ㄹ)-will

■ I **will** get it for you.

※ 'will'은 이미 하기로 결정한 것에 대해 말할 때 쓰는 'be going to'와
는 달리 자신이(1인칭 주어) 상대방에게 약속이나 제안 등의 의지를 나타
낼 때, 그리고 말을 하는 순간에 내린 결정 등을 표현할 때 쓰인다. 또한
2, 3인칭의 주어에 대해서는 단순히 '~일 것이다'라는 단순미래를 주로
나타낸다. 단, 1인칭에도 단순미래의 의미로 쓰이기도 한다.

- "그 책이 어디에 있습니까?"
  ▶ "Where is the book?"

"제가 갖다 드리겠습니다."
  ▶ "I will get it for you."

- "전화벨이 울리고 있습니다."
  ▶ "The phone's ringing."

"제가 받겠습니다."
  ▶ "I will get it."

- "그가 그걸 압니까?"
  ▶ "Does he know that?"

"(아니요) 제가 그에게 말하겠습니다."
  ▶ "(No,) I will tell him."

- "우리와 동참하겠습니까?"
  ▶ "Will you join us?"

"좋습니다. 거기로 가겠습니다."
  ▶ "Okay, I will be there."

- "잠시만 당신과 이야기할 수 있겠습니까?"
  ▶ "Can I talk to you for a minute?"

"제가 바쁩니다. 다시 전화 드리겠습니다."
  ▶ "I'm busy. I will call you back."

- 당신은 나중에 그것에 대해 더 많이 알게 될 것입니다.
  ▶ You will know more about it later.

- 그냥 계속 그것을 하세요. 당신은 언젠가 체중이 줄 것입니다.

  ▶ Just keep doing it. You will lose weight some-
    day.

- 당신은 그걸 하는 게 쉽다는 걸 알게 될 것입니다.

  ▶ You will find it easy to do that.

- 그는 당신을 거기서 보면 기뻐할 것입니다.

  ▶ He will be glad to see you there.

- 당신으로부터 소식을 들으면 그들은 놀랄 것입니다.

  ▶ They will be surprised to hear from you.

016.

우리와 동참하시겠습니까?

will 의문문

■ **Will** you join us?

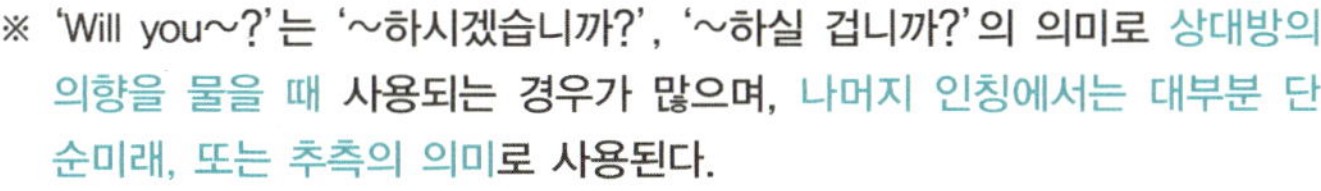

※ 'Will you~?'는 '~하시겠습니까?', '~하실 겁니까?'의 의미로 상대방의 의향을 물을 때 사용되는 경우가 많으며, 나머지 인칭에서는 대부분 단순미래, 또는 추측의 의미로 사용된다.

예문 연습

- 저와 함께 거기에 가시겠습니까?

  ▶ **Will** you go there with me?   (의향을 묻는 will)

- 내일 제 사무실에 오시겠어요?

  ▶ **Will** you come to my office tomorrow?

● 차 한 잔 더 하시겠습니까?

▶ **Will** you have another cup of tea?

● 조용히 해 주시겠습니까?

▶ **Will** you be quiet?

● 제 부탁을 들어 주시겠습니까?

▶ **Will** you do me a favor?

● 당신 일을 제시간 내에 끝내 주시겠습니까?

▶ **Will** you finish your work in time?

● 제게 돈 좀 빌려 주시겠습니까?

▶ **Will** you lend me some money?

● 그 사람이 거기에 제시각에 도착할까요?

▶ **Will** he be there on time?   (단순미래, 또는 추측의 will)

● 제 컴퓨터를 고치는 게 어려울까요?

▶ **Will** it be difficult to fix my computer?

● 그는 몇 시에 돌아오십니까?

▶ What time **will** he be back?

● 당신은 언제 우리를 다시 방문할 것입니까?

▶ When **will** you visit us again?

● 당신은 언제 지원서를 제출할 것입니까?

▶ When **will** you submit your application?

017.

아무에게도 말하지 않겠습니다.

■ I **won't** tell anybody.

예문 연습

● 다신 그러지 않겠습니다.

▶ I **won't** do it again.

● 저는 내일 거기 가지 않을 겁니다.

▶ I **won't** be there tomorrow.

● 저는 그에게 돈을 요구하지 않을 것입니다.

▶ I **won't** ask him for money.

● 저는 오래 걸리지 않을 것입니다. 금방 돌아올 것입니다.

▶ I **won't** be long. I **will** be back soon.

● 저는 내일까진 집에 없을 겁니다.

▶ I **won't** be home until tomorrow.

● 저는 평생 그를 다시 보지 않을 것입니다.

▶ I **won't** see him again for the rest of my life.

● 그는 다음 주까지 돌아오지 않을 겁니다.

▶ He **won't** be back until next week.

● 그런 일은 다시 일어나지 않을 것입니다.

▶ It **won't** happen again.

- 그것을 하는 데에 오래 걸리지 않을 것입니다.
  ▶ It **won't** take long to do it.

- 그녀는 그를 보는 게 기쁘지 않을 것입니다.
  ▶ She **won't** be happy to see him.

- 내일 비가 오면 우리는 나가지 않을 것입니다.
  ▶ If it rains tomorrow, we **won't** go out.

- 당신은 그를 다시 볼 수 없을 것입니다.
  ▶ You **won't** be able to see him again.

  (won't be able to → 33번)

- 저는 그것에 대해 걱정할 필요가 없을 것입니다.
  ▶ I **won't** have to worry about it.

  (won' + have to → 31번)

018.

저는 오늘밤 친구들을 만날 겁니다.　　　**미래(3)-현재진행형 형태**

■ I'm meeting my friends tonight.

019.

오늘밤 당신은 뭘 하실 겁니까?　　　**현재진행형 형태 의문문**

■ What are you doing tonight?

※ 현재진행형이 미래시제를 나타내기도 하는데, 이미 무엇을 하기로 결정하고 구체적인 약속, 또는 계획(arrange)까지 한 것에 대해 말할 때는 'be going to~'보다는 현재진행형을 쓰는 것이 바람직하다. 'be going to~'는 통상 무엇을 하기로 결정하였지만 아직은 명확한 계획이나 구체적인 약속까지는 되어 있지 않은 일에 대해 말할 때 쓰이기 때문이다.

– I'm going to meet my friends tonight. (친구들을 만나기로 마음먹었거나 만날 약속은 했지만, 아직 장소, 시간 등을 정하지 않은 경우)
– I'm meeting my friends tonight. (이미 만날 장소, 시간 등이 다 정해진 경우)

* 현재진행형은 주로 가까운 미래를 표현할 때 쓴다고 설명하는 문법책도 있지만 위와 같이 구분하여 사용하는 것이 더 명확할 것이다.

예문 연습

● "오늘밤 당신은 뭘 하실 겁니까?"

▶ "What are you doing tonight?"

"저는 친구들을 만날 겁니다."

▶ "I'm meeting my friends."

“어디서 친구들을 만날 겁니까?”

▶ “Where **are** you **seeing** your friends?”

“우리는 술집에서 만날 겁니다.”

▶ “We**’re meeting** at a bar.”

● “저는 내일 대공원에 갈 겁니다.”

▶ “I**’m going** to the Grand Park tomorrow.”

“혼자 가십니까?”

▶ “**Are** you **going** alone?”

“부모님과 함께 갈 겁니다.”

▶ “I**’m going** with my parents.”

※ 주요 조동사 용법 비교 및 이해 : 020. ~ 026.

020.

당신은 영어를 할 줄 아십니까?　　　　　can 용법(능력)

■ **Can** you speak English?

021.

그것은 사실일 수도 있습니다.　　　　　could 용법(가능성)

■ It **could** be true.

022.

그는 그 사실을 알 수도 있습니다. **may 용법(가능성, 추측)**

■ He **may** know the truth.

023.

당신은 그것을 좋아할 수도 있습니다. **might 용법(가능성, 추측)**

■ You **might** like it.

024.

당신은 규칙을 따라야 합니다. **must 용법**

■ You **must** follow the rule.

025.

당신은 피곤해 보입니다. 잠을 자는 게 좋겠어요. **should 용법(충고)**

■ You look tired. You **should** go to bed.

026.

당신은 우산을 가져가는 게 좋을 겁니다.

had better(강한 충고, 협박)

■ You **had better** take an umbrella.

※ 영어회화에서 많이 쓰이는 조동사는 아래와 같으며, 각 의미의 차이를
무조건 외우는 것 보다는 위 핵심 문장의 완벽한 이해 및 암기, 그리고
예문 연습 등을 통해 자연스럽게 의미 차이를 터득하는 게 바람직하다.

– can: 능력, 가능성, 허락
– could: 가능성, 비현실적 가능성, 제의
– may, might: 가능성, 추측(could도 같은 의미로 쓰이기도 함)
– must: have to보다 강한 의무, 주로 법, 규칙에 의한 의무
– should: 충고, 조언
– had better: 하지 않으면 어떻게 될 수도 있다는 의미를 내포한 것으로
　　　　　　 should보다 강한 충고, 협박

- 당신이 그것을 할 수 있습니까?
  - ▶ **Can** you do it yourself?　　　(능력)

- 저는 배고픕니다. 말이라도 먹을 수 있을 것 같아요.
  - ▶ I'm hungry. I **could** eat a horse.　　　(비현실적)

- 이것이 좋은 기회일 수도 있습니다.
  - ▶ This **could**(=*may, might*) be a good chance.
  　　　(가능성)

- 그는 매우 부자일 수도 있습니다.
  - ▶ He **may** be very rich.　　　(가능성, 추측)

- 저는 지금 학교에 가야 합니다.
  - ▶ I **have to** go to school now.　　　(필요성, 의무)

- 당신은 그의 명령에 복종해야 합니다.
  - ▶ You **must** obey his orders.　　　(강한 의무)

- 당신 안색이 안 좋아 보입니다. 병원에 가보는 게 좋겠어요.
  - ▶ You don't look well. You **should** see a doctor.
  　　　(충고)

- 당신은 지금 여기를 떠나는 것이 좋겠습니다.
  - ▶ You **had better** leave here now.　　　(강한 충고, 협박)

- "TV 봐도 되요?"
  - ▶ "**Can** I watch TV?"　　　(허락)

"넌 숙제부터 끝내야 한다."
  - ▶ "You **have to** finish your homework first."

- "당신은 오늘 일찍 귀가할 수 있나요?"
  - ▶ "**Can** you come home early today?   (능력 or 가능성)

"난 늦을 수도 있어요."
  - ▶ "I **could**(=*may, might*) be late."

- "저는 내년에 여기 다시 올 수도 있어요."
  - ▶ "I **may**(=*might, could*) come here again next year."

"그럼 그때는 저희 집에 머물러도 되요."
  - ▶ "You **could** stay with me then."   (제의)

- "서두르는 게 좋을 겁니다. 아니면 곤란해질 거예요."
  - ▶ "You'**d better** hurry, or you'll be in trouble."

027.

저는 젊었을 때 빨리 뛸 수 있었습니다.   can의 과거-일반적인 능력

■ I **could** run fast when I was young.

※ can의 과거형으로 대부분의 사람들이 보통 'could'만 사용하는 경향이 있는데, 'could'는 주로 일반적인 능력만을 뜻한다. 즉 구체적으로 특정 상황에서 '~할 수 있었던' 실제 사례보다는 '(젊었을 때) 빨리 뛸 수 있었다', '수영할 줄 알았다' 등의 일반적인 능력을 나타낼 때 'could'를 쓴다. → 구체적 상황에서의 능력에 대한 표현은 28~29번 참조.

- 저는 어렸을 때 수영을 할 수 있었습니다.

  ▶ I **could** swim when I was a child.

- 그는 하루 종일 걸을 수 있다고 말했습니다.

  ▶ He said he **could** walk all day.

- 저는 제가 원하는 건 뭐든지 할 수 있다고 생각했습니다.

  ▶ I thought I **could** do anything I wanted.

- 그는 훌륭한 선수였습니다. 누구라도 이길 수 있었습니다.

  ▶ He was a good player. He **could** beat anybody.

- 저는 그때 쉬지 않고 오랜 시간을 일할 수 있었습니다.

  ▶ I **could** work long hours without any rest then.

- 그는 자신이 어려움 없이 성공할 것이라고 믿었습니다.

  ▶ He believed he **could** succeed without difficulty.

- 우리는 돈을 많이 벌 수 있다고 생각했습니다.

  ▶ We thought we **could** make a lot of money.

- 제 아버지는 작년까지도 농사일을 하실 수 있었습니다.

  ▶ My father **could** do farm work until last year.

- 그는 일찍 은퇴할 수 있을 정도로 부자였습니다.

  ▶ He was so rich that he **could** retire early.

- 그녀는 너무 놀라서 말을 할 수가 없었습니다.

  ▶ She was so surprised that she **could not** speak.

- 그는 너무 화가 나서 아무것도 먹을 수 없었습니다.

  ▶ He was so angry that he **could not** eat anything.

028. 그는 부상에도 불구하고 그 경기를 이길 수 있었습니다.

can의 과거-특정 상황에서의 능력(1)

■ He **was able to** win the game despite the injury.

029. 저는 마침내 컴퓨터를 고칠 수 있었습니다.

can의 과거-특정 상황에서의 능력(2)

■ I finally **managed to** fix the computer.

※ 앞에서 살펴본 바와 같이 일반적인 능력을 나타내는 'could'와는 달리, 어떤 구체적인 어려운 상황, 즉 누군가와의 시합, 또는 무엇을 고쳐야 하는 상황 등 특정한 과거 상황에서 '~할 수 있었다' 또는 '가까스로 ~ 할 수 있었다'의 뜻을 표현하고자 할 때는 could보다는 'was/were able to~', 또는 'manage to~'를 사용해야 한다. 그러나 부정형 'couldn't'는 일반적인 상황과 구체적인 상황에서 모두 쓰인다.

예문 연습

● 그는 수영을 잘 못했지만, 해변까지 헤엄쳐 올 수 있었습니다.

▶ He **couldn't** swim well, but he **was able to** (=*managed to*) swim to the beach.

● 어두웠지만 저는 열쇠를 찾을 수 있었습니다.

▶ It was dark, but I **was able to** find my key.

● 어려웠지만 저는 그 문제를 해결할 수 있었습니다.
> ▶ It was difficult, but I **was able to** solve the problem.

● 저는 마침내 피할 곳을 찾을 수 있었습니다.
> ▶ I finally **managed to**(=*was able to*) find a shelter.

● 당신은 어떻게 고장 난 변기를 고칠 수 있었습니까?
> ▶ How did you **manage to** fix the broken toilet?

● 그가 어떻게 이렇게 빨리 그걸 끝낼 수 있었는지 궁금합니다.
> ▶ I wonder how he **managed to** finish it so quickly.

● 그는 매우 고집스러웠지만, 저는 그가 그녀를 용서하도록 설득할 수 있었습니다.
> ▶ He was very stubborn, but I **managed to** persuade him to forgive her.

030.

저는 다시 와야 할 것입니다.

haue to/must 미래형

■ I **will have to** come again.

031.

당신은 내일 일할 필요가 없을 것입니다.

haue to/must 미래 부정문

■ You **won't have to** work tomorrow.

※ have to, must의 미래시제는 모두 'will have to(~해야 할 것이다)'로 표현 하며, 부정문은 'won't(will not) have to'가 된다. probably가 함께 쓰일 때 는 will 다음에 쓰이지만, 부정문의 형태인 won't의 경우에는 그 전에 와 야 한다. → I will <u>probably</u> have to~ / I <u>probably</u> won't have to~

예문 연습

● 저는 다른 것을 하나 사야할 것입니다.

▶ I **will have to** buy another one.

● 당신은 저를 다시 봐야 할 것입니다.

▶ You **will have to** see me again.

● 그는 보고서를 다시 작성해야 할 것입니다.

▶ He **will have to** redo his report.

- 저는 아마 내일 초과 근무를 해야 할 것입니다.
  - ▶ I **will probably have to** work overtime tomorrow.

- 당신은 아마 저를 도와야 할 것입니다.
  - ▶ You **will probably have to** help me.

- 저는 그 회의에 참석할 필요가 없을 것입니다.
  - ▶ I **won't have to** attend the meeting.

- 그는 다시 진찰을 받을 필요는 없을 것입니다.
  - ▶ He **won't have to** see a doctor again.

- 당신은 아마 그것을 제출할 필요가 없을 것입니다.
  - ▶ You **probably won't have to** submit it.

- 그는 아마 학비를 낼 필요가 없을 것입니다.
  - ▶ He **probably won't have to** pay the tuition.

- 그들은 아마 내년에는 교대 근무를 할 필요가 없을 것입니다.
  - ▶ They **probably won't have to** work in shifts next year.

032.

당신은 그 시험에 합격할 수 있을 것입니다. **can 미래형**

■ You **will be able to** pass the exam.

033.

저는 당신을 다시 볼 수 없을 것입니다. **can 미래 부정문**

■ I **won't be able to** see you again.

※ can의 미래시제는 can을 be able to로 바꿔 'will be able to(~할 수 있을 것이다)'로 표현하며, 부정문은 'won't(will not) be able to'가 된다. probably 가 함께 쓰일 때는 will 다음에 쓰이지만, 부정문의 형태인 won't의 경우에는 그 전에 와야 한다. → I will <u>probably</u> be able to~ / I <u>probably</u> won't be able to~ (have to 미래형의 경우와 같음 – 31번)

예문 연습

● 저는 이번에는 그 시험에 합격할 수 있을 것입니다.

▶ I **will be able to** pass the exam this time.

● 당신은 다음 달에 임금 인상을 받을 수 있을 것입니다.

▶ You **will be able to** get a (pay) raise next month.

● 당신은 다음 달에 승진을 할 수 있습니까?

▶ **Will** you **be able to** get a promotion next month?

- 저는 아마 더 나은 해결책을 내놓을 수 있을 것입니다.
  - ▶ I **will probably be able to** come up with a better solution.

- 그는 아마 곧 새 집을 살 수 있을 것입니다.
  - ▶ He **will probably be able to** buy a new house soon.

- 저는 다음 주까지 당신을 볼 수 없을 것입니다.
  - ▶ I **won't be able to** see you until next week.

- 그는 그 상황에 잘 대처하지 못할 것입니다.
  - ▶ He **won't be able to** cope with the situation well.

- 당신은 아마 그의 공연을 볼 수 없을 것입니다.
  - ▶ You **probably won't be able to** see his performance.

- 당신은 임대료를 미리(선불로) 낼 수 없겠습니까?
  - ▶ **Won't** you **be able to** pay the rent in advance?

034.

저는 할 것이 있습니다. `have something to~ 용법`

■ **I have something to** do.

※ 'have something to+동사'는 회화체에서 가장 빈번하게 쓰이는 표현 중 하나로, 일반적으로 '~할 …이(something) 있다'는 의미를 지닌다(이때 to 부정사는 앞에 있는 명사를 꾸며주는 to 부정사의 형용사 용법임 →84번에서 후술). 또한 something 대신에 사람이 올 수도 있다. → 예문 연습 참조.

- 저는 당신에게 할 말이 있습니다.
  ▶ I **have something to** tell you.

- 그는 점심 전에 해야 할 일이 많습니다.
  ▶ He **has a lot of work to** do before lunch.

- 저는 부양할 가족이 있습니다.
  ▶ I **have a family to** support.

- 우리는 고려해야 할 것들이 많습니다.
  ▶ We **have many things to** consider(=*take into account*).

- 그녀는 항상 걱정거리가 많습니다.
  ▶ She always **has a lot of things to** worry about.

- 당신은 제게 뭔가 할 말이 있습니까?
  ▶ Do you **have something**(=*anything*) **to** tell me?

- 그는 지금 당장 뭔가 할 일이 있습니까?
  ▶ Does he **have anything to** do right now?

- 우리는 지금 먹을 것이 없습니다.
  ▶ We **don't have anything to** eat now.

- 저는 점심 먹을 시간이 충분하지 않습니다.
  ▶ I **don't have enough time to** eat lunch.

- 그는 같이 일할 사람이 하나도 없습니다.
  ▶ He **doesn't have anybody to** work with.

- 당신은 걱정할 것이 없습니다.
  - ▶ You **have nothing to**(=*don't have anything to*) worry about.

035.

영어를 공부하는 건 어렵습니다.

가주어 it(1) - It is ~ to···

■ **It is** difficult **to** study English.

※ 위의 문장에서 진짜 주어(진주어)는 to 이하(to 부정사구)가 되며 이때 It은 to 이하를 대신하여 쓰이는 가주어에 불과한데, 보통은 주어가 되는 to 이하가 너무 길고 복잡할 때 It을 주어 대신 쓰게 된다.

예문 연습

- 당신의 질문에 답하는 것이 좀 어렵습니다.
  - ▶ **It is a little difficult to** answer your question.

- 돈을 버는 것은 어렵습니다. 그러나 돈을 잃는 것은 쉽습니다.
  - ▶ **It is difficult to** make money. But **it is easy to** lose money.

- 제 오랜 친구들을 보는 것은 항상 좋습니다.
  - ▶ **It is always good to** see my old friends.

- 자기 사업을 하는 것은 쉽지 않습니다.
  - ▶ **It is not easy to** run your own business.

● 영어로 말하는 것은 어렵지 않습니다.

  ▶ **It is not difficult to** speak English.

● 그의 집을 찾는 건 쉬웠습니다.

  ▶ **It was easy to** find his house.

● 제 집에서 여기까지 걷는 건 쉽지 않았습니다.

  ▶ **It was not easy to** walk here from my house.

● 배우는 것보다는 가르치는 것이 더 어렵습니다.

  ▶ **It is more difficult to** teach **than to** learn.

● 당신들 모두를 보는 것은 매우 행복할 것입니다.

  ▶ **It will be very happy to** see all of you.

● 그의 수업을 듣는 것은 재미있지 않을 것입니다.

  ▶ **It will not be interesting to** take his class.

● 그들과 게임을 하는 것은 꽤 흥분되는 일이었습니다.

  ▶ **It was pretty exciting to** play games with them.

● 그와 같은 상사와 일하는 것은 스트레스 받는 일입니다.

  ▶ **It is stressful to** work with a boss like him.

036. 저는 그걸 하는 게 어렵다는 걸 알았습니다.

■ I **found it** difficult **to** do that.

※ 35번의 가주어 역할과 같은 맥락으로, 목적어로 쓰이는 to 부정사구 대신 가목적어인 it을 많이 사용하며, 'felt it ~ to…'도 유사한 뜻으로 쓰인다.

예문 연습

● 저는 그 책을 읽는 게 재미있다는 걸 알았습니다.

▶ I **found it interesting to** read the book.

● 그는 버스로 거기에 가는 것이 매우 쉽다는 걸 알았습니다.

▶ He **found it very easy to** get there by bus.

● 저는 온라인으로 주문하는 게 편리하다는 걸 알았습니다.

▶ I **found it convenient to** order online.

● 우리는 그 기계를 작동하는 게 어렵다는 걸 알았습니다.

▶ We **found it difficult to** operate the machine.

● 그는 그 소프트웨어를 설치하는 게 어렵다는 것을 알았습니다.

▶ He **found it difficult to** install the software.

● 우리는 그걸 조립하는 게 쉽다는 것을 알았습니다.

▶ We **found it easy to** assemble it.

● 당신은 인터넷 서핑이 쉽다는 것을 알았습니까?

▶ Did you **find it easy to** surf the Internet?

● 우리는 그 문제를 조사하는 게 재미있다는 걸 알았습니다.
  ▶ We **found it interesting to** research into the matter.

● 저는 그에게 다시 물어보는 게 불필요하다고 느꼈습니다.
  ▶ I **felt it unnecessary to** ask him again.

● 그녀는 그에게 그의 돈을 되돌려 주는 것이 합당하다고 느꼈습니다.
  ▶ She **felt it reasonable to** give him his money back.

● 우리는 그것을 우리 방식대로 하는 것이 권할 만하다고(타당하다고) 느꼈습니다.
  ▶ We **felt it advisable to** do it our own way.

● 저는 그의 명령을 따르는 것이 치욕적이라고 느꼈습니다.
  ▶ I **felt it disgraceful to** follow his orders.

---

037. 그 버스는 2시에 출발합니다.

미래(4) - 현재시제 형태

■ The bus **leaves** at 2.

※ 앞서 살펴 본 미래시제 will(단순미래), be going to(이미 결정된 일), 현재진행형(이미 결정되고 arrange까지 된 일)과는 달리, 대중교통이나 영화, 회의 등 이미 정해진 스케줄이나 프로그램 등에 대해서는 현재시제로 미래의 의미를 나타내기도 한다.

- 새로운 프로그램은 다음 주에 시작합니다.
  - ▶ The new program **starts** next week.

- 회의는 2시에 시작하고 5시에 끝납니다.
  - ▶ The meeting **starts** at 2 and **ends** at 5.

- 그 영화는 언제 시작합니까?
  - ▶ When **does** the movie begin?

- 새 학기는 언제 시작합니까?
  - ▶ When **does** the new semester begin?

  새 학기는 3월에 시작합니다.
  - ▶ The new semester **begins** in March.

- 수업은 몇 시에 시작합니까?
  - ▶ What time **does** the class begin?

  수업은 4시에 시작합니다.
  - ▶ The class **begins** at 4.

- 언제(몇 시에) 당신 비행기는 떠나죠?
  - ▶ When(=*What time*) **does** your flight leave?

  제 비행기는 내일 오전 6시에 출발합니다.
  - ▶ My flight **leaves** at 6 a.m. tomorrow.

- 내일이 무슨 요일입니까?
  - ▶ What day **is** it tomorrow?

  내일은 금요일입니다.
  - ▶ It's Friday tomorrow. (=*Tomorrow is Friday.*)

038. 저는 당신에게 전화하는 걸 잊었습니다.

forget to~ 용법

■ I **forgot to** call you.

039. 저는 지난주에 당신에게 전화했다는 걸 잊었습니다.

forget ~ing 용법

■ I **forgot calling** you last week.

※ '~해야 하는 것'을 잊었거나, 기억하거나, 또는 유감으로 생각한다 등을 표현할 때는 각각 'forget/remember/regret + to + 동사'의 형태로 나타 낸다. 반면 이미 어떤 행위를 한 사실을 잊었거나, 기억하거나, 또는 유 감으로 생각한다는 표현은 39번에서 보는 것과 같이 'forget/remember/ regret + ~ing'의 형태로 표현한다.

예문 연습

● 저는 당신께 이걸 말해야 하는 걸 잊었습니다.

▶ I **forgot to** tell you this.

● 당신은 제게 돈을 돌려주는 걸 잊었습니다.

▶ You **forgot to** give my money back.

● 나갈 때 문 잠그는 것을 잊지 마십시오.

▶ **Don't forget to** lock the door when you leave.

- 그것을 다 한 뒤에 물건들을 치우는 것을 기억하십시오.
  - ▶ **Remember to** put things away after you're done with it.

- 저는 당신이 시험에 떨어졌다고 말하게 되어 유감입니다.
  - ▶ I **regret to** tell you that you failed the exam.

- 저는 그것에 관해 전에 당신께 말했다는 걸 잊었습니다.
  - ▶ I **forgot telling** you about it before.

- 저는 1년 전에 그와 이야기한 걸 기억합니다.
  - ▶ I **remember talking** to him a year ago.

- 당신은 저를 돕겠다고 약속한 걸 기억합니까?
  - ▶ Do you **remember promising** (me) to help me?

- 저는 당신이 시험에 떨어졌다고 말한 걸 후회합니다.
  - ▶ I **regret telling** you that you failed the exam.

- 그는 바보같이 행동한 것을 깊이 후회했습니다.
  - ▶ He deeply **regretted behaving** in a foolish manner.

040.

저는 술을 많이 마시곤 했습니다.

■ I **used to** drink a lot.

`used to 용법`

041.

당신은 매일 운동하곤 했습니까?

■ **Did** you **use to** exercise everyday?

`used to 의문문`

※ 'used to~'는 과거에는 습관적으로 했으나 지금은 하지 않는 일을 서술하고자 할 때 빈번하게 쓰는 표현이며, 부정형은 'didn't use to~'다. '~에 익숙하다'라는 뜻의 'be used to + 명사(형)'와 혼동하기 쉬우니 유의하자.

예문 연습

● 저는 매일 아침 5km를 뛰곤 하였습니다.

▶ I **used to** run 5km every morning.

● 우리는 두 달에 한 번 모이곤 했습니다.

▶ We **used to** get together every other month.

● 그는 문제가 생길 때마다 도움을 요청하곤 했습니다.

▶ He **used to** ask for help whenever he had a problem.

● 당신은 음주 후에 운전을 하곤 하였습니까?
▶ **Did** you **use to** drive after drinking?

● 당신은 규칙적으로 운동을 하곤 했습니까?
▶ **Did** you **use to** exercise regularly?

저는 매일 운동을 하곤 했습니다만, 더 이상 안 합니다.
▶ I **used to** exercise everyday, but I don't anymore.

● 당신은 축구를 많이 하곤 했습니까?
▶ **Did** you **use to** play football a lot?

저는 젊었을 때 매주 주말 경기를 하곤 했습니다.
▶ I **used to** play every weekend when I was young.

저는 경기를 하지 않았었습니다만, (지금은) 매주 합니다.
▶ I **didn't use to** play, but I **do** every weekends.

● 제 아버지는 저녁식사 후에 산책을 하곤 하셨습니다.
▶ My father **used to** take a walk after dinner.

042

당신의 아버지는 어떻게 지내십니까?　　　　　　　　how 용법

■ **How is** your father?

※ 이 용법은 'How are you?' 또는 'How are you doing?'을 응용한 표현
이라는 것을 이해하고 예문을 연습하면 매우 쉽게 익힐 수 있다.

예문 연습

● 사업은 잘 되십니까? (어떻습니까?)
▶ **How is** your business?

● 수업은 괜찮아요?
▶ **How is** your class?

● 휴가는(또는 여행은) 재미있었습니까?
▶ **How was** your vacation(*or trip*)?

● 그와의 첫 번째 만남은 어땠습니까?
▶ **How was** your first meeting with him?

● 직장에서의 첫 날이 어땠습니까?
▶ **How was** your first day at work?

● 아버지는 어떻게 지내고 계십니까?
▶ **How is** your father **doing**?

● 사업은 잘 되어가고 있습니까?
▶ **How is** your business **going on**?

● 어제 회의는 어떻게 됐습니까?
▶ **How did** the meeting **go** yesterday?

- 오늘 아침 시험은 어떻게 봤습니까?
  ▶ **How did** you **do** on your exam this morning?

- 저는 그가 시험을 어떻게 보고 있는지 궁금합니다.
  ▶ I wonder **how** he **is doing** on his exam.

- 저는 그가 요새 어떻게 지내는지 궁금합니다.
  ▶ I wonder **how** he **is doing** these days.

- 저는 엄마가 어떻게 지내시는지 보려고 엄마를 방문했습니다.
  ▶ I visited my mom to see **how** she **was doing**.

043.

당신은 피곤해 보입니다.

look 용법

■ You **look tired**.

※ look, smell, taste, sound 등의 다음에는 바로 형용사가 오거나, 'look/
smell/taste/sound like + 명사'의 형태를 취해 '~같이 보인다/냄새가 난
다/맛이 난다/들린다' 등의 의미를 전달할 수 있다.

예문 연습

- 당신은 졸려 보입니다.
  ▶ You **look sleepy**.

- 그녀는 멍청해 보입니다.
  ▶ She **looks stupid**.

● 그녀는 모습도 말투도 행복해 보입니다.

  ▶ She **looks and sounds happy**.

● 그는 저 양복을 입으니 다르게 보입니다.

  ▶ He **looks different** in that suit.

● 당신은 그녀의 결혼 소식에 놀라는 것처럼 보였습니다.

  ▶ You **looked surprised** at the news of her marriage.

● 저는 그 드레스를 입으면 바보같이 보일지도 모릅니다.

  ▶ I may **look like** a fool in that dress.

● 그 음식은 맛있게 보이지만 냄새는 나쁩니다.

  ▶ The food **looks delicious** but it **smells bad**.

● 그것은 새 차 같은 냄새가 납니다.

  ▶ It **smells like** a new car.

● 당신은 그것에 대해 기뻐하지 않는 것처럼 들리는군요.

  ▶ You **don't sound happy** about it.

● 그 사람 이름이 제게 익숙하게 들립니다.

  ▶ His name **sounds familiar** to me.

● 제 상사는 제 아이디어에 대하여 열광적이지 않은 것처럼 들립니다.

  ▶ My boss **doesn't sound enthusiastic** about my idea.

● 그건 정말 좋은 아이디어로 들립니다.

  ▶ That **sounds like** a really good idea.

044

저는 당신이 그걸 지금 해주었으면 합니다.

want somebody to~ 용법

■ I **want you to** do it now.

※ 'want + somebody + to 동사'는 '~가 … 을 해주길 바란다(원한다)'는 의미를 나타내는 표현이다.

예문 연습

● 당신이 제 부탁을 들어주길 원합니다.

▶ I **want you to** do me a favor.

● 그 사람이 제게 전화하길 저는 원합니다.

▶ I **want him to** call me.

● 그는 당신이 즉시 오길 바랍니다.

▶ He **wants you to** come right away.

● 당신의 상사는 당신이 내일까지 일을 끝내길 원합니다.

▶ Your boss **wants you to** finish your work by tomorrow.

● 저는 당신이 지금 가는 걸 원치 않습니다.

▶ I **don't want you to** go now.

● 저는 그가 저를 돕는 걸 원치 않습니다.

▶ I **don't want him to** help me.

● 그들은 제가 자신들과 일하는 것을 원치 않습니다.

▶ They **don't want me to** work with them.

● 저는 당신이 전보다 공부를 더 열심히 하길 원했습니다.

  ▶ I **wanted you to** study harder than before.

● 저는 당신이 비싼 선물을 사는 걸 원치 않았습니다.

  ▶ I **didn't want you to** buy an expensive gift.

● 아무도 당신이 회사를 떠나길 원치 않았습니다.

  ▶ Nobody **wanted you to** leave the company.

● 그는 그녀가 그 회사에 지원하는 걸 원치 않았습니다.

  ▶ He **didn't want her to** apply to the company.

● 그들은 당신이 그 동호회에 가입하는 걸 원치 않았습니다.

  ▶ They **didn't want you to** join the club.

045.

당신은 제가 그걸 하길 원합니까?　　　**want somebody to~ 의문문**

■ **Do** you **want me to** do it?

예문 연습

● 당신은 제가 뭔가 말하길 바랍니까?

  ▶ **Do** you **want me to** say something?

● 당신은 제가 당신을 위해 뭔가를 하길 원합니까?

  ▶ **Do** you **want me to** do something for you?

- 제가 전등을 끌까요?
  - ▶ **Do** you **want me to** turn off the light?

- 그녀는 제가 파티에 오는 걸 원합니까?
  - ▶ **Does** she **want me to** come to the party?

- 그들은 그가 조만간 일을 시작하기를 원합니까?
  - ▶ **Do** they **want him to** start working soon?

- 당신은 제가 뭘 하길 원합니까?
  - ▶ What **do** you **want me to** do?

- 당신은 제가 어디로 가길 원합니까?
  - ▶ Where **do** you **want me to** go?

- 당신은 그가 뭘 전공하길 원합니까?
  - ▶ What **do** you **want him to** major in?

- 당신은 제가 언제 일을 시작하길 원합니까?
  - ▶ When **do** you **want me to** start working?

- 당신은 왜 제가 그 일을 맡기를 원합니까?
  - ▶ Why **do** you **want me to** take the task(=*job*)?

- 당신은 왜 제가 전화하길 원했습니까?
  - ▶ Why **did** you **want me to** call you?

- 선생님은 당신이 그 시험을 다시 보길 원했습니까?
  - ▶ **Did** the teacher **want you to** take the test again?

- 당신은 당신 친구들이 더 머물길 원했습니까?
  - ▶ **Did** you **want your friends to** stay longer?

046

저는 무슨 말을 해야 할지 모르겠습니다.

의문사구

■ I don't know **what to** say.

※ 의문사구는 '의문사 + to 부정사'의 형태를 띠며, 명사구로서 아래 예문에서 보듯이 목적어의 역할을 많이 한다. 의문사구는 '의문사 + 주어 + should + 동사'의 형태로 풀어 쓸 수도 있으며, '무엇을(what to~) ~할지', '어디서/어디로(where to~) ~할지', '언제(when to~) ~할지', '어떻게(how to~) ~할지', '~할지 말지(whether to~)' 등의 의미를 나타낸다.

예문 연습

● 무엇을 해야 하는지 제게 말해주십시오.

▶ Tell me **what to do**.

● 저는 거기에 어떻게 가는지 모릅니다.

▶ I don't know **how to get** there.

● 어디로 가야하는지 말씀해 주십시오.

▶ Please tell me **where to go**.

● 저는 어떻게 감사하다 말해야 할지 모르겠습니다.

▶ I don't know **how to say** thank you.

● 당신은 뭘 사야 하는지 제게 결코 말하지 않았습니다.

▶ You never told me **what to buy**.

● 그것을 어디서 사야 하는지 모르겠습니다.

▶ I don't know **where to buy** it.

● 그는 퇴직 후에 무엇을 할지 확신이 없습니다.

▶ He is not sure **what to do** after retirement.

- 언제 회의를 시작해야 하는지 그는 말하지 않았습니다.

  ▶ He didn't tell me **when to start** the meeting.

- 저는 당신에게 다음에 뭘 해야 하는지 말했습니다.

  ▶ I told you **what to do** next.

- 저는 어디로 휴가를 가야할지 결정할 수가 없습니다.

  ▶ I can't decide **where to go** for a vacation.

- 그는 떠나야 할지 남아야 할지 결정할 수 없었습니다.

  ▶ He couldn't decide **whether to leave** or stay.

047.

저는 당신이 무슨 말을 하고 있는지 모르겠습니다.

의문사절(1) - 목적어 역할

■ I don't know **what you're talking about**.

※ 의문사절은 앞에서 본 의문사구를 '의문사 + 주어 + should + 동사'의
형태로 풀어 쓰는 것과 같이 하나의 절을 이루고, 본 예문에서 보듯이
목적어 역할을 하기도 하며, 58번과 같이 주어 역할을 하기도 한다.

예문 연습

- 저는 제가 왜 이것을 해야 하는지 모르겠습니다.

  ▶ I don't know **why I should** do this.

- 당신이 하려고 계획하고 있는 것을 말하세요.

  ▶ Tell me **what you're planning** to do.

- 그들은 언제 가을 학기가 시작되는지 알고 있습니까?
  - ▶ Do they know **when the fall semester begins**?

- 그녀가 어디를 가고 있는지 누가 알고 있습니까?
  - ▶ Does anybody know **where she's going**?

- 그는 자신이 무슨 말을 하고 있는지조차 모릅니다.
  - ▶ He doesn't even know **what he's talking about**.

- 저는 그가 뭘 하려는 건지 궁금합니다.
  - ▶ I wonder **what he's going to** do.

- 저는 그가 언제 자기 자신을 위해 뭔가를 하게 될지 궁금합니다.
  - ▶ I wonder **when he will** do something for himself.

- 그녀는 무엇이 그로 하여금 그런 말을 하게 만들었는지 궁금해 합니다.
  - ▶ She wonders **what made** him say so.

- 저는 당신이 무엇을 생각하고 있는지 정말 궁금하군요.
  - ▶ I'm really curious about **what you're thinking of**.

- 당신은 어제 무슨 일이 진짜 일어났는지 궁금하신가요?
  - ▶ Are you curious about **what really happened** last night?

- 당신은 우리가 왜 그게 필요한가에 대하여 말하고 있는 게 틀림없군요.
  - ▶ You must be talking about **why we need** it.

- 저는 우리가 어디서, 어떻게 그것을 구할 수 있는지 모릅니다.
  - ▶ I don't know **where and how we can** get it.

048.

저는 여행을 많이 해봤습니다.

■ I **have traveled** a lot.

현재완료(1) - 경험

049.

저는 숙제를 끝냈습니다.

■ I **have finished** my homework.

현재완료(2) - 완료

050.

당신은 오늘 그를 봤습니까?

■ **Have** you **seen** him today?

현재완료(3) - 아직 끝나지 않은 시점

※ 현재완료는 'have/has + 과거분사(p.p)'의 형태를 취하여 주로 현재까지 경험한 일(48번)이나 완료한 일(49번)에 대해 서술할 때 쓰인다. 또한 today, this month, this year과 같이 거론되고 있는 시점이 아직 끝나지 않은 상황에서 지난 일(50번)을 언급할 때도 자주 사용한다.

또한 현재까지도 영향을 미치는 결과적 용법도 있다 → "I have lost my watch.", "He has gone to America.", "She has bought a new dress."…

예문 연습

● 당신은 여행을 많이 해봤습니까?

▶ **Have** you **traveled** a lot?　　　　　　(경험)

● 저는 한국 음식을 먹어 본 적이 없습니다.

▶ I **have never tried** Korean food.

● 저는 다양한 직업을 경험하였습니다.

▶ I **have experienced** many different kinds of jobs.

● 당신은 숙제를 끝냈습니까?

▶ **Have you finished** your homework?　　　(완료)

● 저는 뭘 전공할지 아직 결정하지 못했습니다.

▶ I **haven't decided** yet what I should major in.

● 저는 이미 집에 페인트칠을 했습니다.

▶ I **have already painted** the house.

● 저는 오늘 그를 보지 못했습니다.

▶ I **haven't seen** him today.　　　(아직 끝나지 않은 시점)

● 당신은 올해 몇 편의 영화를 보셨습니까?

▶ How many movies **have** you **seen** this year?

051.

저는 당신을 계속 찾아 왔습니다.

현재완료진행(1) - 방금 전까지 하던 일

■ I've been looking for you.

052.

저는 10년 동안 영어를 공부해 왔습니다.

현재완료진행(2) - 지금도 계속 하는 일

■ I've been studying English for 10 years.

※ 현재완료진행형은 'have/has been + ~ing'의 형태를 띠며, 방금 전까지 (진행)하던 일이나 끝낸 일, 또는 과거부터 지금까지 계속 (진행)하고 있는 일에 대해 서술할 때 사용한다.

예문 연습

● "당신은 지금 왜 그렇게 피곤합니까?"

▶ "Why *are* you so tired now?"

"저는 하루 종일 계속 일했습니다.

▶ "I have been working all day."　　(방금 전까지 하던 일)

● 당신은 어디에 있었습니까? 제가 당신을 계속 찾았었습니다.

▶ Where have you been? I've been looking for you.

- "그는 왜 저렇게 땀을 많이 흘리고 있습니까?"
  ▶ "Why **is he sweating** so much?"

"그는 계속 뛰었습니다."
  ▶ "He **has been running**."

- "당신은 얼마나 오랫동안 영어를 공부해 왔습니까?"
  ▶ "How long **have you been studying** English?"

  (지금도 계속 하고 있는 일)

"저는 10년 동안 영어를 공부해 왔습니다."
  ▶ "**I've been studying** English for 10 years."

- 저는 이 목표를 5년 넘게 추구해 왔습니다.
  ▶ I **have been pursuing** this goal for more than 5 years.

- 그는 열심히 일하는 것의 중요성에 대하여 계속 이야기하고 있습니다.
  ▶ He **has been talking** about the importance of working hard.

- 그는 자신의 집을 3년 동안 짓고 있습니다.
  ▶ He **has been building** his own house for 3 years.

그것을 내게 주시오!

■ **Give me that!** *or* **Give that to** me!

> ※ 수여동사(give, send, buy, teach, pay, offer, show, lend, bring…)는 직접적인 대상이 되는 물건(직접목적어; book, letter, money, gift…) 외에 '~에게'에 해당하는 간접목적어(me, you, him, her…)가 필요한데, 어순은 '수여동사 + 간접목적어 + 직접목적어'가 일반적이다. 그러나 'give something to somebody'와 같이 간접목적어를 to와 함께 쓸 수도 있다.

예문 연습

- 제가 당신에게 선물을 드리겠습니다.
  ▶ I will **give you a present**.

- 그는 내 생일에 만년필을 하나 주었습니다.
  ▶ He **gave me a fountain pen** for my birthday.

- 저는 그에게 책을 한 권 사줄 겁니다.
  ▶ I'm going to **buy him a book**.

- 당신은 그의 생일에 무엇을 사줄 것입니까?
  ▶ **What** are you going to **buy him** for his birthday?

- 저는 그녀에게 모자 값으로 만 원을 지불했습니다.
  ▶ I **paid her 10,000 won** for the hat.

- 저는 그에게 얼마를 지불해야 합니까?
  ▶ **How much** do I have to **pay him**?

- 그들은 제게 좋은 일자리를 제공했습니다.
  ▶ They **offered me a good job**.

● 제가 당신에게 우리 가족 사진들을 보여드리겠습니다.

▶ I will **show you the pictures of my family**.

● 제가 당신에게 영어를 가르쳐 드리죠. 당신은 제게 한국말을 가르쳐주십시오.

▶ I'll **teach you English**. You **teach me Korean**.

● 당신이 거기 도착하는 대로 제게 편지를 보내십시오.

▶ **Send me a letter** as soon as you get there.

● 제 아버지는 아무것도 묻지 않으시고 그 돈을 빌려주셨습니다.

▶ My father **lent me the money** without asking anything.

---

054. 그는 부자인 것 같습니다.

seem 용법(1)

■ He **seems to** be rich. *or* It **seems that** he is rich.

※ 'seem + to + 동사'는 '~같이 보인다,' '~같이 여겨진다'의 의미로 많이 쓰이는 표현이다. 한편 이 표현은 가주어 It을 써서 'It seems that ~'의 형태로 바꿔 사용할 수 있다(예문 참조).

* 동사 위치에 be 동사가 올 때는 'to be'를 생략할 수도 있음(후술) → He seems (to be) rich.

- 그녀는 친절한 것 같습니다(친절한 것 같아 보입니다).
  - ▶ She **seems to** be kind.
  - (=*It seems that she is kind.*)

- 당신은 그 진실을 아는 것 같군요.
  - ▶ You **seem to** know the truth.
  - (=*It seems that you know the truth.*)

- 그녀는 차를 갖고 있는 것 같아 보이지 않습니다.
  - ▶ She **doesn't seem to** have a car.
  - (=*It doesn't seem that she has a car.*
  - *or It seems that she doesn't have a car.*)

- 당신은 아버지를 무척 존경하는 것 같군요.
  - ▶ You **seem to** respect your father very much.

- 그들은 그들의 상사를 존경하는 것 같아 보이지 않습니다.
  - ▶ They **don't seem to** respect their boss.

- 당신은 그것에 대해 기뻐하지 않는 것 같군요.
  - ▶ You **don't seem to** be happy about it.

- 그는 정신병을 앓고 있는 것 같습니다.
  - ▶ He **seems to** be suffering from mental illness.

- 그의 아버지는 경제학에 대하여 많이 아시는 것 같습니다.
  - ▶ His father **seems to** know a lot about economics.

- 그들은 내 아이디어에 대하여 회의적인 것처럼 보입니다.

  ▶ They **seem to** be skeptical about my idea.

- 방에는 아무도 없는 것처럼 보입니다.

  ▶ There **seems to** be nobody in the room.

055.

그는 (과거에) 부자였던 것 같이 보입니다.

■ He **seems to have been** rich. *or* It **seems that** he **was** rich.

> ※ 앞의 예문 54번과는 달리 '(과거에) 부자였던 것 같이 (현재) 보인다'는 의미, 즉 과거에 대한 현재의 추측을 나타내고자 할 때는 'seem to + 현재완료'의 형태로 나타낸다. 이 또한 'It seems that~'으로 바꿔 표현할 수 있으며, 이때 that 이하는 과거시제가 된다(예문 참조). 한편 '그때(과거에) 부자인 것 같이 (과거에) 보였다'로 표현하기 위해서는 seem만 과거로 바꿔서 'seemed to + 동사'로 나타낸다.

예문 연습

- 그녀는 (과거에) 부자였던 것 같이 보입니다.

  ▶ She **seems to have been** rich.

  (=*It seems that she **was** rich.*)

- 당신은 그 진실을 알았던 것 같이 보입니다.

  ▶ You **seem to have known** the truth.

  (=*It seems that you **knew** the truth.*)

- 그들은 그 테스트에 실패한 것 같이 보입니다.
  ▶ They **seem to have failed** the test.

- 그는 자기 돈을 몽땅 날린 것처럼 보입니다.
  ▶ He **seems to have lost** all his money.

- 당신은 밤을 꼬박 샌 것 같이 보입니다.
  ▶ You **seem to have stayed up** all night.

- 그들은 합의에 도달한 것처럼 보입니다.
  ▶ They **seem to have reached** an agreement.

- 그는 그 프로젝트에 대해 낙관적인 것처럼 보였습니다.
  ▶ He **seemed to** be optimistic about the project.

- 그들은 회사를 위해 최선을 다하는 것처럼 보였습니다.
  ▶ They **seemed to** do their best for the company.

- 그녀는 그 사건에 대해 전부 알고 있는 듯 보였습니다.
  ▶ She **seemed to** know all about the incident.

- 그는 그녀의 죽음에 대한 소식에 충격을 받은 듯이 보였습니다.
  ▶ He **seemed to** be shocked at the news of her death.

056.

가기에는 너무 늦었습니다.　　　　　　　　　　　　　**too~to··· 용법**

■ It's **too** late **to** go.

※ 'too ~ to ···'는 '너무 ~해서 ··· 할 수 없다', '···하기에는 너무 ~하다'의 뜻이며, 'too ~ for somebody to ···'의 형태로 '누가 ··· 하기에는 ~하다'의 의미를 나타내기도 한다. 또한 충분히 짐작이 가능한 경우에는 'to ···'를 생략하기도 한다.

● 결론을 내리기에는 시기상조입니다.

▶ It's **too early to** conclude.

● 다음 회의 일정에 대해 논의하기에는 너무 빠릅니다.

▶ It's **too early to** talk about the next meeting schedule.

● 당신은 농구를 하기에는 키가 너무 작습니다.

▶ You are **too short to** play basketball.

● 그는 그녀 앞에서 말하기가 너무 부끄러웠습니다.

▶ He was **too shy to** speak in front of her.

● 저는 새로운 뭔가를 시도하기에는 너무 늙었습니다.

▶ I'm **too old to** try something new.

● 배우는 데에는 결코 늦은 때란 없습니다.

▶ It's **never too late to** learn.

● 그는 그 일을 하기에는 너무 어렸습니다.

▶ He was **too young to** do the work.
　(=*He was too young for the work*).

● 그건 너무 좋게 들려서 사실일 수가 없는 것 같습니다.

▶ It sounds **too good to** be true.

● 인생은 당신이 즐기지 않는 것을 하기에는 너무 짧습니다.

▶ Life is **too short to** do something you don't enjoy.

● 저의 새로운 일은 제겐 너무 쉽습니다.

▶ My new job is **too easy for** me.

- 그 드레스는 그녀에게 너무 꽉 낍니다.

  ▶ The dress is **too tight for** her.

- 이 기회는 (제게는) 놓치기엔 너무 좋은 기회입니다.

  ▶ This opportunity is **too good** (for me) **to** miss.

이 기회가 너무 좋아서 저는 놓칠 수가 없습니다.　　**so~that··· 용법**

■ This opportunity is **so** good **that** I can't miss it.

※ 'so ~ that ···'은 '··· 할 정도로(할 만큼) ~하다'의 의미를 나타내며, 구어체에서는 that을 생략하기도 한다. 이 표현은 상황이나 문맥에 따라 앞의 56번과 같이 'too ~ to ···'로 바꿀 수도 있다.

예문 연습

- 저는 너무 배고파서 잠을 잘 수가 없었습니다.

  ▶ I was **so** hungry **that** I couldn't sleep.

- 우리가 움직일 수 없을 정도로 버스는 붐비었습니다.

  ▶ The bus was **so** crowded **that** we couldn't move.

- 그는 너무 화가 나서 제게 말을 하려 하지 않았습니다.

  ▶ He was **so** angry **that** he wouldn't talk to me.

- 그것은 너무 웃겨서 제가 웃음을 멈추지 못했습니다.

  ▶ It was **so** funny **that** I couldn't stop laughing.

● 그녀는 너무 긴장해서 한 마디도 할 수 없었습니다.

▶ She was **so** nervous **that** she couldn't say a word.

● 그녀는 너무 아름다워서 제가 생각을 멈출 수가 없습니다.

▶ She is **so** beautiful **that** I can't stop thinking.

● 그는 잠을 못 잘 정도로 실망하였습니다.

▶ He was **so** disappointed **that** he couldn't sleep.

● 저는 아무 것도 못할 정도로 풀이 죽어 있었습니다.

▶ I was **so** depressed **that** I couldn't do anything.

● 그녀는 너무 슬퍼 하루 동안 아무것도 먹지 않았습니다.

▶ She was **so** sad **that** she didn't eat at all for a day

● 저는 너무 피곤해서 버스에서 거의 잠들 뻔했습니다.

▶ I was **so** tired **that** I almost fell asleep on the bus.

● 그곳은 핀 떨어지는 소리가 들릴 정도로 조용했습니다.

▶ That place was **so** quiet **that** we could hear a pin drop.

제가 원하는 것은 이것입니다. **의문사절(ㄹ)-주어 역할**

■ **What I want** is this.

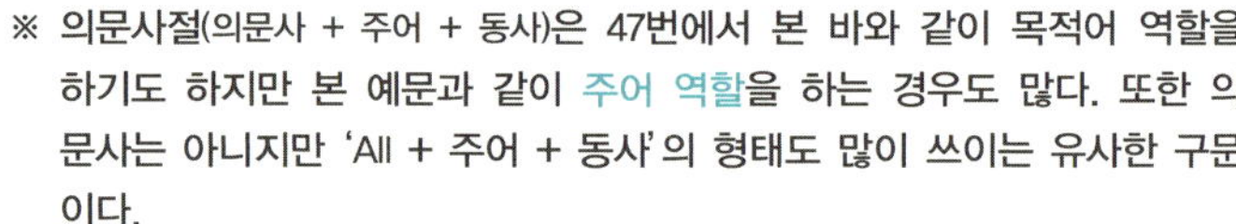

※ 의문사절(의문사 + 주어 + 동사)은 47번에서 본 바와 같이 목적어 역할을 하기도 하지만 본 예문과 같이 주어 역할을 하는 경우도 많다. 또한 의문사는 아니지만 'All + 주어 + 동사'의 형태도 많이 쓰이는 유사한 구문이다.

예문 연습

● 그가 정말 원하는 것은 이것입니다.

▶ **What he really wants** is this.

● 제가 의미하는 것은 당신이 잘못하고 있다는 것입니다.

▶ **What I mean** is you're doing wrong.

● 제가 하려고 계획하고 있는 것은 비밀입니다.

▶ **What I'm planning** to do is secret.

● 제가 뭘 하고 있는지는 당신이 알 바가 아닙니다.

▶ **What I'm doing** is none of your business.

● 그가 일전에 한 말은 저를 매우 놀라게 했습니다.

▶ **What he said** the other day surprised me a lot.

● 언제 우리가 시작해야 하느냐가 더 중요합니다.

▶ **When we have to** start is more important.

● 제가 어떻게 그를 설득시킬 수 있느냐가 문제입니다.

▶ **How I can persuade** him is a problem.

- 왜 그가 우리를 돕고 있는지는 더 이상 중요하지 않습니다.
  - ▶ **Why he's helping** us is not important any more.

- 언제, 어디서 우리가 모일 것인지가 결정되어야 합니다.
  - ▶ **When and where we will** get together should be decided.

- 얼마나 자주 우리가 연습할 수 있는지가 더 논의되어야 합니다.
  - ▶ **How often we can** practice should be discussed further.

- 더 중요한 것은 우리가 다시 시작할 수 있다는 것입니다.
  - ▶ **What is more important** is we can start again.

- 당신이 해야 할 것은 지금 떠나는 것뿐입니다.
  - ▶ **All you have to do** is (to) leave now.

059.

질문이 있을 땐 제게 물어보세요.

`when 용법-종속접속사`

■ Ask me **when** you have questions.

060.

저는 이 일을 끝낸 후에 점심을 먹겠습니다.

`after 용법-종속접속사`

■ I will have lunch **after** I finish the work.

061.

제가 거기 도착하자마자 당신에게 전화하겠습니다.

`as soon as~ 용법-종속접속사`

■ I will call you **as soon as** I get there.

062.

저는 그 영화를 보는 동안 잠이 들어버렸습니다.

`while 용법-종속접속사`

■ I fell asleep **while** (I was) watching the movie.

※ when, after, as soon as~, before, while 등은 시간의 전후 관계를 나타
내는 종속접속사라고 한다. 종속접속사 다음에는 문맥에 따라 동사의 과
거나 현재가 다 올 수 있는데, 동사 원형이 오는 경우에는(예문 59~61번)
의미상으로는 현재가 아닌 미래임에 유의해야 한다. 또한 접속사로 이어
지는 앞뒤 절의 주어가 같을 경우에는 시제에 상관없이 '접속사 + ~ing'
로 바꿔 쓸 수도 있다(I already knew *before I heard* ~ → *before hearing*~).

● 비가 올 때 저는 집에 있습니다.

▶ I stay home **when** it rains.

● 시간 있을 때 다시 우리를 방문해 주세요.

▶ Please visit us again **when** you have time.

● 제가 집에 왔을 때 어머니는 집을 청소하고 계셨습니다.

▶ My mother was cleaning the house **when** I got home.

● 거기에 도착하는 대로 당신에게 편지를 쓰겠습니다.

▶ I will write you (a letter) **as soon as** I get there.

● 제가 그를 찾자마자 당신에게 알려드리겠습니다.

▶ I will let you know **as soon as** I find him.

● 당신이 보고서를 끝내는 대로 바로 제게 알려주십시오.

▶ Please let me know **as soon as** you finish your report.

● 저는 그 사건이 발생하자마자 그에게 그것에 대해 말했습니다.

▶ I told him about the incident **as soon as** it happened.

● 저는 저녁을 먹고 난 후에 대개 TV를 봅니다

▶ I usually watch TV **after** I have dinner.

● 그는 퇴직한 후에 시골로 이사 갈 것입니다.

▶ He will move to the countryside **after** he retires.

● 당신이 떠난 후에 누군가가 당신을 보러 여기에 왔었습니다.

▶ Somebody came here to see you **after** you left.

- 그걸 하기 전에 모든 걸 다시 한 번 확실히 확인하십시오.
  - ▶ Be sure to double-check everything **before** you do it.

- 당신은 떠나기 전에 당신 가방을 체크하는 게 좋겠습니다.
  - ▶ You'd better check your bag **before** you leave.

- 그는 잠자리에 들기 전에 샤워를 했습니다.
  - ▶ He took a shower **before** he went to bed.

- 제가 없는 동안 어머니께서 제 아이들을 돌볼 것입니다.
  - ▶ My mother will look after my kids **while** I am away.

- 당신은 파리에 있는 동안 많은 곳을 방문하는 게 좋을 것입니다.
  - ▶ You should visit many places **while** you are in Paris.

- 제가 버스 정류장에서 기다리는 동안 그가 제 옆을 지나가는 걸 봤습니다.
  - ▶ I saw him pass by me **while** I was waiting at the bus stop.

- 당신 친구들에게 말할 때조차도 좀 더 주의하세요.
  - ▶ Be more careful even **when talking**(=*you talk*) to your friends.

- 당신은 모든 가능성을 다 고려한 후에 결정하는 게 좋을 겁니다.
  - ▶ You'd better decide **after considering** all possibilities.

- 그녀는 그에게 모든 걸 말하기 전에 계속 울었습니다.
  - ▶ She kept crying **before telling** him everything.

- 제 아내는 집을 청소하는 동안 음악을 듣곤 했습니다.
  - ▶ My wife used to listen to music **while cleaning** the house.

063.

당신이 부자였었다는 걸 저는 알고 있었습니다. **과거완료**

■ I **knew** you **had been** rich.

※ 과거완료는 현재완료와 마찬가지로 완료, 경험 등의 의미를 나타내지만, 현재완료는 현재를 기준 시점으로 봤을 때 (과거에서 현재까지의) 완료, 경험 등을 표현하는 데 반해, 과거완료는 과거 시점을 기준으로 봤을 때 그보다 더 이전 과거부터의 완료, 경험, 계속 등의 의미를 나타내기 위해 쓰인다. 그러므로 보통 비교가 되는 기준 시점인 과거와 한 문장 속에서 함께 쓰이거나 문맥상 과거를 염두에 두고 표현되는 것이 특징이다.

예문 연습

- 당신이 부자였다는 걸 저는 압니다.
  - ▶ I **know** you **were** rich. (과거)

→ 당신이 부자였었다는 걸 저는 알고 있었습니다.
  - ▶ I **knew** you **had been** rich. (과거완료)

- 당신이 그런 일을 했었다는 걸 저는 몰랐습니다.
  - ▶ I **didn't know** you **had done** such a thing.

- 그는 뭔가가 잘못되었다고 생각했습니다.
  - ▶ He **thought** something **had gone** wrong.

- 저는 당신이 이미 그 직업을 택하지 않기로 결심한 걸로 생각했습니다.
  - ▶ I **thought** you **had already decided** not to take the job.

- 제가 도착했을 때 그는 이미 집에 갔습니다.
  - ▶ When I **arrived**, he **had already gone** home.

- 저는 4년 전에 산 차를 팔았습니다.
  - ▶ I **sold** my car I **had bought** four years ago.

- 저는 그 제품들을 팔았던 그 남자를 보았습니다.
  - ▶ I **saw** the man who **had sold** the products.

- 저는 그를 돕고 싶었지만 그는 이미 그것을 다 끝냈습니다.
  - ▶ I **wanted** to help him, but he **had already finished** it.

- 제가 직장을 그만두기 전에 우리는 서울로 이사했습니다.
  - ▶ We **had moved** to Seoul before I **quit** my job.

- 저는 그들이 그것에 대해 제게 부당한 값을 요구했다는 걸 알았습니다.
  - ▶ I **found** that they **had overcharged** me for it.

064.

이 집은 작년에 지어졌습니다.

수동태(1) - 과거형

■ This house **was built** last year.

> ※ 수동태는 보통의 능동태 문장(예; He built the house)에서 목적어(the house)가 주어로 바뀌면서 동사(built; 지었다)의 의미가 수동적으로 변화(지어진⦅졌⦆다)하고, 문장 형태가 'be+과거분사(built)'로 바뀐 것을 말한다(The house was built by him). 이때 원래 주어는 'by him' 등으로 표현되기도 하고, 문맥상 주어가 중요하지 않은 경우나, 표현하지 않아도 충분히 짐작할 수 있는 일반적인 주어의 경우에는 생략된다.

- 그 책은 영어로 쓰였습니다.
  - ▶ The book **was written** in English.

- 저는 작년에 차에 치였습니다.
  - ▶ I **was hit by** a car last year.

- 그는 마을의 많은 사람들로부터 사랑을 받았습니다.
  - ▶ He **was loved by** many people in the town.

- 그는 1998년에 시장으로 재선되었습니다.
  - ▶ He **was reelected** as mayor in 1998.

- 전화는 벨에 의해 발명되었습니다.
  - ▶ The telephone **was invented by** Bell.

- 3명의 사람이 그 차 사고로 죽었습니다.
  - ▶ Three people **were killed** in the car accident.

- 저는 그 집을 설계하는 임무를 받았습니다.
  - ▶ I **was given** the task of designing the house.

- 저는 상사로부터 이것을 하라고 지시받았습니다.
  - ▶ I **was told by** my boss to do it.

- 그는 다른 사람들의 견해를 존중하라는 가르침을 받았습니다.
  - ▶ He **was taught to** respect others' opinions.

- 그 사건에 대해 무엇이 보도되었습니까?
  - ▶ What **was reported** about the incident?

- 그 시체는 어디서 발견되었습니까?
  - ▶ Where **was** the body **discovered**?

065

이 방은 매일 청소됩니다.

수동태(ㄹ) - 현재형

■ **This room is cleaned everyday.**

※ 수동태 현재형은 일상적인 일이나 사실 등을 서술할 때 사용된다.

예문 연습

- 그는 Tom이라고 불립니다.

  ▶ He **is called** Tom.

- 이 건물은 매년 페인트가 칠해집니다.

  ▶ This building **is painted** every year.

- 이 제품은 중국에서 만들어집니다.

  ▶ This product **is made** in China.

- 모든 계획들은 정기적으로 재검토됩니다.

  ▶ All the plans **are reviewed** regularly.

- 많은 석유가 중동에서 생산됩니다.

  ▶ Much of the oil **is produced** in the Middle East.

- 제 아기는 제 어머니께서 돌보십니다.

  ▶ My baby **is taken care of** by my mother.

  (~에 의해 돌보아 진다)

- 이 잡지는 많은 젊은이들에 의해 읽히고 있습니다.

  ▶ This magazine **is read** by many young people.

- 많은 차 사고가 부주의한 운전으로 인해 일어납니다.
  - ▶ Many car accidents **are caused by** careless driving.

- 비타민 C는 신체에 쉽게 흡수됩니다.
  - ▶ Vitamin C **is** easily **absorbed by** the human body.

- 월드컵 축구는 많은 사람들에 의해 TV에서 시청되고 있습니다.
  - ▶ World Cup Soccer **is viewed** on TV **by** many people.

- 길이 눈으로 쌓여 있습니다.
  - ▶ The road **is covered** with snow. (by가 아니고 with임에 유의)

- 우리 제품들은 대부분 추운 나라에서 팔립니다.
  - ▶ Our products **are mostly sold** in cold countries.

- 중고차들이 재판매를 위해 이곳으로 들어옵니다.
  - ▶ Used cars **are brought** here for resale.

066.

저는 그 파티에 초대되었습니다.　　　　수동태(3)-완료형

■ I **have been invited** to the party.

※ 수동태 완료형은 현재까지도 결과가 계속되는 상황에 대하여 서술할 때 사용한다. 즉 다음 예문에서 보듯이 지금 현재 '초대된 상태' 또는 '피해를 입은 상태' 등을 표현할 때 사용된다.

- 당신은 그 결혼식에 초대되었습니까?
  ▶ **Have** you **been invited** to the wedding?

- 그 마을은 홍수로 피해를 입었습니다.
  ▶ The village **has been damaged by** the flood.

- 그 다리 건설은 3년 동안 지체되어 왔습니다.
  ▶ The building of the bridge **has been delayed** for 3 years.

- 저는 한국대학교에서 입학이 허가되었습니다.
  ▶ I **have been accepted** at the University of Hankook.

- 그는 팀장으로 승진되었습니다.
  ▶ He **has been promoted** to team manager.

- 제가 없는 동안 많은 것들이 변했습니다.
  ▶ Many things **have been changed** while I was away.

- 그는 차기 대통령이 될 것으로 기대되어 왔습니다.
  ▶ He **has been expected** to become next president.

- 기대했던 대로 그가 선출되었습니다.
  ▶ As might **have been expected**, he **has been elected**.

- 그것은 지난 10년 동안 널리 사용되어 왔습니다.
  ▶ It **has been widely used** for the past 10 years.

- 스코필드는 팍스리버 교도소로 보내졌습니다.
  - ▶ Scofield **has been sent** to Fox River Penitentiary.

- 몇몇 학교들은 돈을 너무 많이 쓴다고 비난을 받아왔습니다.
  - ▶ Some schools **have been criticized** for spending too much money.

067.

사무실은 내일 페인트가 칠해질 것입니다.

■ The office **will be painted** tomorrow.

예문 연습

- 이 컴퓨터는 나중에 고쳐질 것입니다.
  - ▶ This computer **will be fixed** later.

- 아시안 게임은 내년에 열릴 것입니다.
  - ▶ Asian Games **will be held** next year.

- 그 길은 내일 보수될 것입니다.
  - ▶ The road **will be repaired** tomorrow.

- 그들은 호되게 벌 받아야 합니다.
  - ▶ They **should be punished** severely.

- 그것은 충분히 오래 요리되어야 합니다.

  ▶ It **should be cooked** long enough.

- 너무 늦기 전에 무슨 조치가(또는 뭔가) 취해져야 합니다.

  ▶ Something **must be done** before it's too late.

- 이것은 다양한 방법으로 쓰일 수 있습니다.

  ▶ This **can be used** in many different ways.

- 교사들은 학생들에게 존경받아야 합니다.

  ▶ Teachers **should be respected** by students.

- 즉시 더 엄격한 방안이 강구되어야 합니다.

  ▶ Stricter measures **should be taken** right away.

- 그 팩스는 아침 10시 전까지 보내져야 합니다.

  ▶ The fax **should be sent** before 10 in the morning.

- 어떠한 이유에서든지 그들은 무시되면 안됩니다.

  ▶ They **shouldn't be ignored** for any reason.

- 어떤 문제든 당신이 진정 해결하길 원한다면 풀릴 수 있습니다.

  ▶ Any problem **can be solved** if you really want to do so.

- 어떠한 이유에서든지 이런 종류의 일들은 간과될 수 없습니다.

  ▶ This kind of things **can't be overlooked** for any reason.

- 그는 마케팅 부서로 보내질 것입니다.

  ▶ He **will be transferred** to the marketing department.

068.

비가 올 것 같습니다.

look like 용법

■ It **looks like** it's going to rain.

069.

당신은 (목소리가) 감기에 걸린 것 같이 들립니다.

sound like 용법

■ You **sound like** you have a cold.

※ '~같이 보인다/들린다', '~같은 느낌이다' 등은 look/sound/feel + like 로 표현할 수 있으며, 원칙적으로 이들 다음에는 명사가 와야 하고, 절 (주어 + 동사)이 오기 위해서는 like 대신 'as if', 'as though'가 와야 하지 만, 구어체에서는 오히려 like가 더 흔하게 쓰인다.

예문 연습

● 당신은 오늘 기분이 언짢은 것처럼 보입니다.

▶ You **look like** you're in a bad mood today.

● 제 아들은 뭔가를 잘못한 것처럼 보입니다.

▶ My son **looks like** he did something wrong.

● 그녀는 머리를 감지 않은 것 같습니다.

▶ She **looks like** she didn't wash her hair.

- 당신은 금방이라도 잠이 들어 버릴 것 같이 보입니다.
  - ▶ You **look like** you're going to fall asleep any minute.

- 당신은(당신 말은) 그 여자와 사랑에 빠진 것처럼 들리는군요.
  - ▶ You **sound like** you're in love with her.

- 그는(그의 말은) 불평할 게 많은 것처럼 들립니다.
  - ▶ He **sounds like** he has a lot to complain about.

- 그녀 목소리는 그 소식에 충격을 받은 것처럼 들렸습니다.
  - ▶ She **sounded like** she was shocked at the news.

- 저는 무시당하고 있는 느낌입니다.
  - ▶ I **feel like** I'm being ignored.

- 그는 혼자 남겨진 것 같은 기분을 느끼고 있습니다.
  - ▶ He **feels like** he has been left alone.

- 저는 평등하게 대접받아 왔다고 느끼지 않습니다.
  - ▶ I **don't feel like** I have been treated equally.

070.

(거기에는) 할 것이 없습니다.　　　　　There is(are)~ to··· 용법

■ **There is** nothing **to** do.

- 두려워할 것이 없습니다.

  ▶ **There's** nothing **to** fear(=*be afraid of*).

- 걱정할 것이 없습니다.

  ▶ **There's** nothing **to** worry about(=*be worried about*).

- 냉장고에는 먹을 것이 없습니다.

  ▶ **There is** nothing **to** eat in the fridge.

- 그것에 대해 더 말할 것이 없습니다.

  ▶ **There is** no more things **to** say about it.

- 쓸 돈이 남아 있지 않습니다.

  ▶ **There is** no money left **to** spend.

- (제 집을 제외하곤) 잃을 것이 하나도 남지 않았습니다.

  ▶ **There is** nothing left **to** lose (except my house).

- 저를 위해 요리를 해줄 사람이 없습니다.

  ▶ **There is** nobody **to** cook for me.

- 더 이상 할 일이 없을 것입니다.

  ▶ **There will be** no more work **to** do.

- 그러한 일을 할 사람은 없을 것입니다.

  ▶ **There will be** nobody **to** do such a thing.

- 제 생각엔 (거기엔) 방문할 만한 곳이 많지 않은 것 같습니다.

  ▶ I don't think **there are** many places **to** visit.

● 여행을 위해 짐을 싸야 할 것들이 너무 많습니다.
   ▶ **There are** too many things **to** pack for the trip.

● 우리가 결정하기 전에 고려해야 할 것들이 매우 많습니다.
   ▶ **There are** so many things **to** consider before we decide.

● 처리해야 할 일들이 많을 것입니다.
   ▶ **There will be** many things **to** take care of.

※ be supposed to ~ 용법 : 071. ~ 072.

071. 저는 다음 달에 떠나기로 되어 있습니다.

be supposed to~ 용법(1)

■ **I'm supposed to** leave next month.

072. 당신은 내일 무엇을 하기로 되어 있습니까?

be supposed to~ 용법(2)-의문문

■ **What are** you **supposed to** do tomorrow?

※ 'be supposed to~'는 관용적으로 미래의 의미를 나타내는, 상당히 많이 쓰이는 표현으로 '~하기로 되어 있다', '~할 것으로 기대되다'의 의미를 지닌다. 과거형은 'was/were supposed to~'며, 뜻은 '~하기로 되어 있었다'지만 실제로는 하지 못한 일에 대한 표현임에 주의해야 한다.

- 저는 오늘 그의 사무실을 방문하기로 되어 있습니다.

  ▶ I'm supposed to visit his office today.

- 그는 오늘밤 저를 보기로 되어 있습니다.

  ▶ He is supposed to see me tonight.

- 당신은 그런 말을 해선 안 됩니다.

  ▶ You're not supposed to say that.

- 우리는 이 빌딩에 들어가지 못하게 되어 있습니다.

  ▶ We're not supposed to enter the building.

- 당신은 그 테스트를 다시 받기로 되어 있습니까?

  ▶ Are you supposed to take the test again?

- 당신은 언제 한국을 떠나기로 되어 있습니까?

  ▶ When are you supposed to leave Korea?

- 저는 대회 우승으로 무엇을 받기로 되어 있습니까?

  ▶ What am I supposed to get for winning the contest?

- 그는 회의에서 무엇에 대해 말하기로 되어 있습니까?

  ▶ What is he supposed to talk about at the meeting?

- 저는 그에게 전화하기로 되어 있었습니다. (하지만 안 했죠.)

  ▶ I was supposed to call him. (but I didn't.)

- 당신은 저를 돕기로 되어 있었습니다. (하지만 안 도왔죠.)

  ▶ You were supposed to help me. (but you didn't.)

073. 제가 뭐 좀 여쭤 봐도 되겠습니까?

정중한 표현(1)-Could I~?

■ **Could I** ask you something?

074. 역까지 가는 길을 알려주시겠습니까?

정중한 표현(2)-Would you~?

■ **Would you** tell me the way to the station?

※ 'Could I~?'는 'Can I~?'보다 정중한 표현이다. 'May I~?'도 'Can I~?'보다 정중한 어감이 있으나 구어에서는 'Can I~?'를 주로 쓴다. 상대에게 정중하게 부탁하고자 할 때는 'Would you~?' 또는 'Could you ~?'를 사용하며 의미상 차이는 거의 없다.

예문 연습

● 제가 지금 가도 되겠습니까?

▶ **Could I** go now?

● 당신의 여권을 볼 수 있겠습니까?

▶ **Could I** see your passport?

● 영수증 좀 주시겠습니까?

▶ **Could I** have a receipt please?

● 제가 개인적인 질문을 해도 되겠습니까?

▶ **Could I** ask you a personal question?

- 제가 커피를 좀 더 마셔도 되겠습니까?

  ▶ **Could I** have some more coffee?

- 제 부탁 좀 들어주시겠습니까?

  ▶ **Would**(=*Could*) **you** do me a favor?

- 이 가방 좀 거들어 주시겠습니까?

  ▶ **Would you** help me with this bag?

- 저를 공항까지 데려다 주시겠습니까?

  ▶ **Would you** take me to the airport?

- 안전벨트 좀 매 주시겠습니까?

  ▶ **Could you** fasten your seat belt(=*safety belt*)?

- 그 문제에 대한 당신의 입장을 분명히 해주시겠습니까?

  ▶ **Could you** clarify your position about that matter?

---

075. 창문을 열어도 되겠습니까? `Shall I/we~?`

■ **Shall I** open the window?

※ 'Shall I~?'와 'Shall we~?'는 상대의 의향을 묻거나 제안할 때 쓰는 표현이다. Shall은 단순미래를 나타내기도 하고, 'you shall~'이나 'he shall~'과 같이 2, 3인칭에 쓰일 때는 말하는 사람의 의지, 즉 '내가 ~ 하게 하겠다'의 의미를 내포하고 있다. 그러나 오늘날 shall은 점점 쓰이지 않고, 위에서 본 'Shall I~?', 'Shall we~?'의 용법으로만 사용되고 있는 추세이다.

● 지금 당신 표를 예약할까요?

▶ **Shall I** reserve a ticket for you now?

● 당신은 올 수 없다고 제가 말을 전할까요?

▶ **Shall I** say that you can't come?

● 다음은 제가 뭘 해야 됩니까?

▶ **What shall I** do next?

● 당신 책들을 어디에 놓을까요?

▶ **Where shall I** put your books?

● 제가 언제 공항에서 당신을 픽업할까요?

▶ **When shall I** pick you up at the airport?

● 춤추시겠습니까?

▶ **Shall we** dance? (*Let's dance, shall we?*)

● 저녁 먹으러 밖으로 나갈까요?

▶ **Shall we** go out for dinner?

● 커피 마실 휴식 시간을 가질까요?

▶ **Shall we** take a break for coffee(=*take a coffee break*)?

● 좀 더 논의하기 위해 또 다른 미팅을 할까요?

▶ **Shall we** have another meeting to discuss further?

● 다음 주에 제 대답을 드리겠습니다.

▶ **You shall** have my answer next week.

- 이번 달 말까지는 당신 돈을 드리겠습니다.
  - ▶ **You shall** have your money by the end of this month.

076.

저희를 방문해주셨으면 합니다.

정중한 표현(3)-I would like you to~

■ **I would like you to** visit us.

> ※ 44번에서 본 바와 같이 '~가 …해주기를 원하다, 바라다'의 뜻으로 상대방에게 부탁하고자 할 경우에는 'I want ~ to …'로 표현할 수 있으나, 이때 want는 like, need로 바꿔 쓸 수 있다. 그리고 like의 경우 상대에게 정중하게 부탁하는 표현으로 would like로 쓰는 것이 일반적이다.

예문 연습

- 저는 당신이 거기에 제시각에 도착하길 원합니다.
  - ▶ **I want you to** be there on time. (want 복습)

- 그는 당신이 아침에 제일 먼저 그걸 하길 원합니다.
  - ▶ **He wants you to** do it first thing in the morning.

- 그녀는 제가 가게에서 물건 몇 개를 사오길 원합니다.
  - ▶ **She wants me to** pick up a few things at the store.

- 그들은 제가 우선 그 과정에 등록하길 원했습니다.
  - ▶ **They wanted me to** enroll in the course first.

● 저는 당신이 좀 더 많이 했으면 합니다.

▶ **I need you to** do more things. (need)

● 저는 당신이 가서 두통에 좋은 뭔가를 찾았으면 합니다.

▶ **I need you to** go find something for headaches.

● 그는 제가 2시간 초과 근무 하는 걸 필요로 했습니다.

▶ **He needed me to** work two hours of overtime.

● 저는 아이들이 정직한 게 좋습니다.

▶ **I like children to** be honest. (like)

● 저는 남자들이 담배 피우는 걸 좋아하지 않습니다.

▶ **I don't like men to** smoke.

● 당신이 이걸 다시 고려해 주셨으면 합니다.

▶ **I would like you to** consider this again. (would like)

● 당신이 그 회의에서 연설을 해주셨으면 합니다.

▶ **I would like you to** give a speech at the meeting.

● 저는 당신이 언젠가 제 상사를 만났으면 합니다.

▶ **I would like you to** meet my boss someday.

077.

당신은 어떻습니까?　　　　　　　　　**How(What) about~? 용법**

■ **How about** you? (=*What about you?*)

※ 'How/What about + 사람, 사물?'은 사람이나 사물에 대한 정보를 물을 때 '~은 어떻습니까?'라는 의미로 쓰일 수 있으며, 'How/What about ~ing?'의 형태로 쓰여 '~하는 게 어떻습니까?'와 같이 제의, 제안을 나타내는 표현으로 쓰인다. 'How about?'과 'What about?'은 의미상 차이가 없다.

- "점심 먹을 시간이 없습니다. 저녁은 어떻습니까?"
  - ▶ "I don't have time for lunch, What about dinner?"

- 저것보다는 차라리 이게 어떻습니까?
  - ▶ How about this rather than that?

- 캐나다 여행은 어떻습니까?
  - ▶ What about a trip to Canada?

- 액션 영화 대신 로맨틱 코미디 영화는 어때요?
  - ▶ How about a romantic comedy instead of an action movie?

- 식사하면서 몇 잔 어때요?
  - ▶ How about a couple of drinks while eating?

- 제가 어제 이야기했던 호텔은 어떻습니까?
  - ▶ What about the hotel I talked about yesterday?

- 우선 그의 판매 능력을 시험해보는 게 어떻습니까?
  - ▶ How about testing his sales ability first?

- TV 보는 것보다 차라리 한 잔 하러 가는 게 어떻습니까?
  - ▶ How about going for a drink rather than watching TV?

- 그냥 말만 하는 것 대신 뭔가 해보는 게 어떻습니까?
  - ▶ How about doing something instead of just talking?

- 우리 여행을 다음 달까지 연기하는 건 어떻습니까?

  ▶ **What about postponing** our trip until next month?

- 그에게 그녀와 다시 연결되길 원하는지 묻는 건 어떻습니까?

  ▶ **What about asking** him if he wants to reconnect with her?

078.

그 사람한테 물어보지 그러세요?

Why don't you/we~? 용법

■ **Why don't you** ask him?

※ 위 77번에서 보았던 'How/What about ~ing?'와 같이 제안, 제의 등을 할 때 비슷하게 쓸 수 있는 표현으로 'Why don't we~ (우리는 ~하는 게 어떻습니까?)', 'Why don't you~ (당신은 ~하는 게 어떻습니까?)' 등이 많이 쓰인다.

예문 연습

- 우리 박물관에 먼저 가는 게 어떻습니까?

  ▶ **Why don't we** go to the museum first?

- 우리 모두 잊어버리고 다시 시작하는 게 어떻습니까?

  ▶ **Why don't we** forget everything and start all over again?

- 우리 미리 비행기를 예약하는 게 어떻습니까?
  - ▶ **Why don't we** book a flight in advance?

- 우리 그 문제를 더 면밀하게 조사하는 게 어떻습니까?
  - ▶ **Why don't we** look into the matter more closely?

- 이제 어둡습니다. 우리 그만 하루를 마치는 게 어떻습니까?
  - ▶ Now it's dark. **Why don't we** call it a day?

- 우리 그에게 한 번 더 기회를 주는 게 어떻습니까?
  - ▶ **Why don't we** give him one more chance?

- 그를 방문하는 걸 일요일까지 연기하시죠?
  - ▶ **Why don't you** postpone visiting him until Sunday?

- 그녀를 정말 좋아하면 데이트 신청을 하시죠?
  - ▶ **Why don't you** ask her out if you really like her?

- 그들을 당신 결혼식에 초대하시죠?
  - ▶ **Why don't you** invite them to your wedding?

- 어떻게 부자가 되는지에 대한 비결 몇 가지를 제게 알려 주시죠?
  - ▶ **Why don't you** give me some tips on how to become rich?

- 당신은 호주에서 새로운 삶을 시작하는 게 어떻습니까?
  - ▶ **Why don't you** start a new life in Australia?

- 당신은 나이에 맞게 행동하는 게 어때요? 애기처럼 행동하지 마세요!
  - ▶ **Why don't you** act your age? Stop acting like a baby!

079. 비가 오면 저는 집에 있을 겁니다.

■ **If** it **rains**, I **will** stay home.

※ 가정법은 보통 가정법 현재, 과거, 과거완료 등 시제를 기준으로 분류하지만 ① 실현될 가능성이 있는 일에 대한 가정(1st Conditional), ② 실현될 가능성이 없는 일에 대한 가정(2nd Conditional), ③ 과거 사실에 대한 가정(3rd Conditional)으로 분류하는 것이 더욱 이해하기 쉬울 것이다.

1st Conditional은 일어날 수도 있는 일, 즉 '비가 오면…', '시간이 나면…', '당신이 원하면…' 등의 가정을 나타내며, if절에는 동사의 현재형을, 그리고 주절에는 미래시제인 will을 사용한다(If it rains, I will stay…). 그러나 주절이 때에 따라서는 will 대신 명령문이나 'You can…' 등의 형태가 되기도 한다.

예문 연습

● 저는 오늘 밤 시간이 나면 외식할 것입니다.

▶ **If** I **have** time tonight, I **will** eat out.

● 그가 좋아한다면 우리는 공원에 갈 겁니다.

▶ **If** he **likes**, we **will** go to the park.

● 당신이 원한다면 제가 당신 집으로 가겠습니다.

▶ **If** you **want**, I **will** come to your house.

● 가격이 싸다면 저는 그것을 살 겁니다.

▶ I **will** buy it **if** it**'s** cheap.　(if절과 주절은 항상 도치 가능함)

● 당신이 필요로 하면 제가 당신을 돕겠습니다.

▶ I **will** help you **if** you **need**.

- 당신이 시험에 합격하면 우리는 파티를 열 겁니다.
    ▶ If you **pass** the exam, we **will** throw a party (=*have a party*).

- 우리와 합류하면 당신은 좋은 시간을 가질 겁니다.
    ▶ If you **join** us, you **will** have a great time.

- 당신이 그를 본다면 당신은 그를 좋아할 겁니다.
    ▶ If you **see** him, you **will** like him.

- 당신 몸이 안 좋다면 집에 계십시오.
    ▶ If you **feel** unwell, **stay** home. (주절 명령문 또는 can~)

- 배고프면 당신은 냉장고에서 음식을 찾을 수 있을 겁니다.
    ▶ If you **are** hungry, **you can find** food in the fridge.

080.

저는 당신이 두렵습니다.

■ I'm **afraid of** you.

형용사+of~ 용법

※ 전치사 of의 주요 용법 중 하나는 '~을', '~에 대하여'의 의미로서 afraid, terrified, scared, ashamed, aware, fond… 등과 같이 쓰이는 용법이다.

* afraid of, scared of, terrified of, frightened of는 모두 '~을 두려워하다' 라는 뜻이다.

● 저는 외국인에게 말하는 것이 두려웠습니다.

▶ I was **afraid of** talking to a foreigner.

● 제 아이는 주삿바늘을 무서워합니다.

▶ My kid is **terrified of** needles.　(terrified)

● 저는 공포 영화 보는 것을 무서워합니다.

▶ I'm **scared of** watching horror movies.　(scared)

● 저는 그 개를 무서워했습니다.

▶ I was **frightened of** the dog.　(frightened)

● 그는 자기 일을 매일 하는 것에 싫증이 납니다.

▶ He is **tired of** doing his work everyday.

● 실수하는 것을 창피하게 생각하지 마십시오.

▶ Don't be **ashamed of** making mistakes.

● 저는 최근까지 그 사실을 알아차리지 못했습니다.

▶ I wasn't **aware of** that fact until recently.

● 저는 그가 가르치는 능력이 있다고 생각합니다.

▶ I think he is **capable of** teaching.

● 당신은 그 문제의 중요성을 자각해야 합니다.

▶ You should be **conscious of** the importance of
the matter.

● 모두가 당신의 성공을 부러워합니다.

▶ Everyone is **envious of** your success.

- 저는 수영하는 것을 좋아합니다.
  - ▶ I am **fond of** swimming.

- 그는 당신을 질투하였습니다.
  - ▶ He was **jealous of** you.

081.

그 영화가 지루해서 저는 따분했습니다.

■ The movie was **boring**, so I was **bored**.

※ boring은 지루하게 만드는 것, bored는 그래서 사람이 느끼는 따분한 감정을 의미하며, 이와 같이 의미상 차이를 보이는 단어들은 다음과 같다.

terrifying/terrified	frightening/frightened	tiring/tired
annoying/annoyed	interesting/interested	satisfying/satisfied
depressing/depressed	surprising/surprised	disappointing/disappointed
shocking/shocked…	*scary/scared (형태는 다르나 의미상 차이는 같음)	

예문 연습

- 그의 강의는 항상 지루했습니다.
  - ▶ His lecture was always **boring**.

- 당신은 5분 안에 그 영화가 지겨워질 것입니다.
  - ▶ You'll be **bored** with the movie within 5 minutes.

- 밤에 그 소음을 듣는 건 매우 성가신 일입니다.
  - ▶ It is very **annoying** to hear the noise at night.

- 그녀는 어머니가 잔소리하시는 것이 성가셨습니다.
  - ▶ She was **annoyed with** her mother for nag-
    ging.

- 제가 어제 본 영화는 무서웠습니다.
  - ▶ The movie I watched yesterday was **scary**.

- 제가 들은 그 이야기는 무시무시했습니다.
  - ▶ The story I heard was **terrifying**.

- 그 소식은 우리에게 꽤 놀라웠습니다(무서웠습니다).
  - ▶ The news was quite **frightening** to us.

- 휴식 없이 하루 종일 일하는 것은 정말 피곤한 일입니다.
  - ▶ Working all day with no rest is really **tiring**.

- 그의 식당에 있는 모든 음식이 만족스러웠습니다.
  - ▶ All of the food in his restaurant was **satisfying**.

- 그 뉴스는 암울했습니다.
  - ▶ The news was **depressing**.

- 그것은 제겐 정말 놀라운 일이었습니다.
  - ▶ It was really a **surprising** thing for me.

082

무슨 근거로 당신은 그렇게 말합니까?

사역동사(1)-make somebody+동사~

■ What **makes you say** so?

※ 'make somebody do(동사 원형)~', 'have somebody do(동사 원형)~' 모두 '누구를 ~하게끔 시키다'라는 사역동사의 의미를 나타내며, 보통 make는 '강제', have는 '지시 또는 명령' 정도의 어감을 가지기 때문에 make가 좀 더 강한 의미를 내포한다. 한편 또 다른 사역동사인 let은 '허락' 정도의 약한 뜻을 표현한다.

* 위 예문에서 'What makes you'는 '왜~', '무엇 때문에~' 정도를 의미하는데, 여기서도 역시 make는 사역동사의 역할을 하고 있음에 유의하자.

예문 연습

● 당신은 여기에 무엇 때문에 왔습니까?
> ▶ What **made you come** here?　　(make~)

● 그가 그것을 지금 바로 하도록 제가 시키겠습니다.
> ▶ I'll **make him do** it right now.

● 그의 농담이 우리 모두를 웃게 하였습니다.
> ▶ His jokes **made us all laugh**.

● 그 약은 당신을 낫게 할 것입니다.
> ▶ The medicine will **make you feel** better.

● 저는 정비사에게 제 차를 고치도록 시킬 것입니다.
> ▶ I'm going to **have the mechanic fix** my car.
>
> 　　(have~)

● 제가 그를 지금 거기 가라고 시킬까요?

▶ Shall I **have him go** there now?　⇒ *Shall I~?(75번 참조)*

● 저는 아내에게 제 부모님을 공항에서 모셔오도록 시켰습니다.

▶ I **had my wife pick up** my parents at the airport.

● 당신 아이들이 학교에 좀 더 일찍 오게 하시겠습니까?

▶ Will you **have your kids come** to school earlier?

● 저는 당신이 거기에 다시 가게 하지 않겠습니다.

▶ I won't **have you go** there again.

● 당신은 그가 자기 일에 최선을 다하도록 시키는 것이 좋겠습니다.

▶ You'd better **have him do** his best in his work.

083.

그가 당신을 돕도록 제가 시키겠습니다.

사역동사(ㄹ)-get somebody to+동사~

■ I'll **get him to** help you.

※ 'get somebody to 동사'도 make, have와 같이 사역동사의 역할(준사역동사)을 하지만 동사 앞에 'to'가 와야 한다.

예문 연습

● 그에게 최악의 경우에 대비하도록 시키겠습니다.

▶ I'll **get him to** prepare for the worst.

- 저는 그녀에게 방을 빨리 정리하도록 시켰습니다.
  ▶ I **got her to** tidy up the room quickly.

- 당신은 당신 아이가 울음을 그치도록 하는 게 좋겠습니다.
  ▶ You'd better **get your kid to** stop crying.

- 어떻게 부모님이 저를 내버려두게 할 수 있겠습니까?
  ▶ How can I **get my parents to** leave me alone?

- 제 아이들이 학교에서 생활을 잘하도록 저는 노력하고 있습니다.
  ▶ I'm trying to **get my kids to** do well in school.

- 당신이 도움을 필요로 한다면 제 직원 한 명이 당신을 돕도록 하겠습니다.
  ▶ I'll **get one of my staff to** help you if you need any help.
  ⇒ *1st Conditional(79번 참조)*

- 저는 그가 하는 말에 집중할 수가 없습니다.
  ▶ I can't **get myself to** concentrate on what he's saying.

- 그는 저에게 이 서류들을 가능한 한 빨리 분류하도록 시켰습니다.
  ▶ He **got me to** sort out these papers as soon as possible.

- 당신은 그녀에게 영업보고서를 출력하도록 시켰습니까?
  ▶ Did you **get her to** print out the sales report?

- 제가 좋아하지 않는 일을 하도록 시키지 마십시오.
  ▶ Don't **get me to** do something I don't like.

- 저는 그에게 파티 준비를 돕도록 시켜야 합니다.
  ▶ I have to **get him to** help (me) organize the party.

084.

저는 사랑할 누군가가 필요합니다.

■ I need **somebody to** love.

> ※ 34번(I have nothing to do)에서 본 바와 같이, to부정사가 명사 다음에 나올 때는 그 명사를 수식하는 형용사적 역할을 한다. → somebody to love(사랑할 사람), water to drink(마실 물), money to spend(쓸 돈)…

예문 연습

● 저는 저를 도와줄 사람이 필요 없습니다.

▶ I don't need **anybody to help me**.

● 당신은 당신에게 차를 태워줄 누군가가 필요합니까?

▶ Do you need **somebody to give you a ride**?

● 그는 의지할 사람이 아무도 없습니다.

▶ He has **nobody to depend on**.

● 우리는 우리 사업에 투자할 누군가가 필요합니다.

▶ We need **somebody to invest** in our business.

● 그는 부양해야 할 가족이 있습니까?

▶ Does he have **a family to support**?

● 저는 돌봐야 할 아기가 있습니다.

▶ I have **a baby to look after**.

● 그녀는 금년에 결혼할 남자를 찾는 게 필요합니다.

▶ She needs to find **a man to marry** this year.

● 우리는 처리해야 할 문제들이 많곤 했습니다.

▶ We used to have **a lot of problems to handle**.

- 그는 성공할 수 있는 좋은 기회를 잃었습니다.
  - ▶ He lost **a good chance to succeed**.

- 그곳은 비 오는 날 방문하기에 좋은 장소입니다.
  - ▶ It is **a nice place to visit** on a rainy day.

- 쉬기에 가장 좋은 장소가 어디입니까?
  - ▶ Where is **the best place to relax**?

- 제 방에는 읽을 것들이 많습니다.
  - ▶ There are **a lot of stuff to read** in my room.

085.

제가 새라면 당신에게 날아갈 것입니다.

2nd Conditional-실현 불가능한 가정

■ **If** I **were** a bird, I **would** fly to you.

※ 79번에서 살펴본 1st Conditional(실현 가능한 일에 대한 가정)과는 달리 실현되지 않을 것 같은, 실제로는 불가능한 일(또는 현재 사실과는 다른)에 대한 가정은 2nd Conditional이라고 한다. 형식은 If절에는 동사 과거형, 주절에는 would(또는 could)를 사용한다. If절에 be동사가 올 경우에는 인칭에 상관없이 관습적으로 were를 많이 쓴다.

예문 연습

- 제가 부자라면 당신을 많이 도울 것입니다.
  - ▶ **If** I **were** rich, I **would** help you a lot.

- 제가 돈이 많다면 당신에게 새 집을 사드릴 겁니다.
  - ▶ **If** I **had** a lot of money, I **would** buy you a new house.

- 제가 당신이라면 그렇게 말하지 않을 겁니다.
  - ▶ **If** I **were** you, I **wouldn't** say like that.

- 당신이 제 입장이라면 어떻게 하시겠습니까?
  - ▶ **If** you **were** in my position, what **would** you do?

- 제게 충분한 돈이 있다면 저는 일찍 은퇴할 것입니다.
  - ▶ **If** I **had** enough money, I **would** retire early.

- 그가 시간이 있다면 저와 더 많은 시간을 보낼 것입니다.
  - ▶ **If** he **had** time, he **would** spend more time with me.

- 제가 그녀의 번호를 안다면 그녀에게 전화할 것입니다.
  - ▶ **If** I **knew** her number, I **would** call her.

- (지금) 비가 오지 않는다면 저는 외출할 것입니다.
  - ▶ **If** it **weren't** raining, I **would** go out.

- 제가 늦게까지 일할 필요가 없다면 당신을 만날 것입니다.
  - ▶ **If** I **didn't have to** work late, I **would** meet you.

- 제가 10억 원이 있다면 당장 회사를 그만둘 것입니다.
  - ▶ **If** I **had** one billion won, I **would** quit my job right away.

- 제가 다시 태어난다면 제 아내와 결혼하지는 않을 겁니다.
  - ▶ **If** I **were** born again, I **wouldn't** marry my wife.

086

제가 백만장자였으면 좋겠습니다. **I wish~ 용법-실현 불가능한 가정**

■ **I wish** **I were** a millionaire.

※ 앞에서 본 2nd Conditional을 'I wish ~'로 표현할 수도 있는데, 이때는 if절을 그대로 'I wish' 다음에 옮기면 되며, '~ 이었으면 좋을 텐데…' 정도의 의미를 전달하게 된다. (If I were a bird, I would… → I wish I were a bird.)

예문 연습

● 제가 당신이라면 좋을 텐데요.
▶ **I wish** **I were** you.

● 제가 어른이라면 좋겠어요.
▶ **I wish** **I were** a grown-up.

● 제가 다시 저 나이라면 좋을 텐데.
▶ **I wish** **I were** that age again.

● 제가 당신을 도울 수 있다면 좋을 텐데요.
▶ **I wish** **I could** help you.

● 그에게 시간이 충분하다면 좋을 텐데요.
▶ **I wish** he **had** enough time.

● 비가 오지 않는다면 좋을 텐데요.
▶ **I wish** it **weren't** raining.

● 돈에 대해 걱정할 필요가 없다면 좋을 텐데.
▶ **I wish** **I didn't have to** worry about money.

● 돈을 위해서 일을 해야 하는 게 아니라면 좋을 텐데.
▶ **I wish** **I didn't have to** work for money.

- 세계를 두루 여행할 수 있다면 좋을 텐데.
  - ▶ I wish I **could** travel around the world.

- 어린 시절로 돌아갈 수 있다면 좋을 텐데.
  - ▶ I wish I **could** go back to my childhood.

▶▶ 조동사 Review ◀◀

* 20~26번에서 이미 다룬 여러 가지 조동사의 다양한 활용 연습을 통해 다음에 살펴 볼 '조동사 + have + 과거분사' 용법의 정확한 이해를 돕기 위한 조동사 Review다.

- 저는 제가 다음 시험에서 더 잘하리라 생각합니다.
  - ▶ I think I **can** do better in the exam next time.

- 저는 새로운 것을 살 여유가 없습니다.
  - ▶ I **can't** afford to get a new one.

- 당신은 그걸 깨뜨리지 않도록 더 조심해야 합니다.
  - ▶ You **should** be more careful not to break it.

- 그들은 시간이 돈이란 걸 알아야 합니다.
  - ▶ They **should** know that time is money.

- 당신은 좀 진전을 보이는 게 좋겠습니다.
  - ▶ You**'d better** make some progress.

- 당신은 지시받은 대로 하는 게 좋겠습니다.
  - ▶ You**'d better** do as you're told to do.

- 저는 시간을 허비하지 않는 게 좋겠습니다.
  - ▶ I'd better not waste my time.

- 우리는 어떤 희생을 치르더라도 목표를 성취해야 합니다.
  - ▶ We must accomplish our goal at any cost.

- 당신은 건물 내에서 담배를 피우거나 술을 마시면 안 됩니다.
  - ▶ You must not smoke or drink inside the building.

- 그는 감시당하고 있다는 사실을 아는 게 틀림없습니다.
  - ▶ He must know the fact that he's being watched.

- 그는 좋은 선생님임이 틀림없습니다.
  - ▶ He must be a good teacher.

- 그는 지금 그의 사무실에 있을 수도 있습니다.
  - ▶ He might(=*may*) be in his office now.

- 그들은 돈이 전혀 없을 수도 있습니다.
  - ▶ They may(=*might*) have no money at all.

- 우리는 잘못된 방향으로 운전하고 있는지도 모릅니다.
  - ▶ We may be driving in the wrong direction.

'조동사 + have + 과거분사(p.p)'는 과거에 대해 말하는 사람의 심리를 나타내는 표현으로 과거의 어떤 행동(have + 과거분사)을 하지 않은 것에 대한 후회 또는 유감(should, could), 어떤 일을 했으리라는 추측(may/might) 또는 했을 거라는 확신(must) 등을 나타낸다.

087. 당신은 더 일찍 왔어야 했습니다.

should have p·p 용법-후회, 유감

■ You **should have come** earlier.

※ 'should have p.p'는 'have p.p(과거의 어떤 행동)'가 '~하는 게 좋겠다/~해야 한다'는 의미의 'should'와 함께 쓰임으로써 '~하는 게 좋았다/~했어야 했다'라는 실제로는 하지 않은 일에 대한 유감 또는 후회의 감정을 전달한다.

예문 연습

● (지금) 저는 그것을 해야 합니다(하는 게 좋겠습니다).
▶ I **should do** it (now).

(어제) 저는 그것을 했어야 합니다. (하지만 안 했습니다.)
▶ I **should have done** it (yesterday). (but I didn't.)

● 당신은 그의 도움 없이 그걸 해야 합니다.
▶ You **should do** it without his help.

당신은 그의 도움 없이 그걸 했어야 합니다.
▶ You **should have done** it without his help.

● 그는 일찍 떠나야 합니다.

> He **should leave** early.

그는 일찍 떠났어야 합니다.

> He **should have left** early.

● 당신은 어젯밤 그 파티에 왔어야 합니다.

> You **should have come** to the party last night.

● 저는 저를 위해 뭔가 더 중요한 일을 했어야 합니다.

> I **should have done** something more impor-
tant for me.

● 당신은 그 사람이 어젯밤 어떻게 행동했는지 봤어야 합니다.

> You **should have seen** how he was acting last
night.

● 저는 그를 보러 거기에 가지 말았어야 합니다.

> I **shouldn't have gone** there to see him.

088.

그는 그 사실을 알았던 게 틀림없습니다.

must have p·p 용법-강한 추측

■ He **must have known** the fact.

※ 'must have p.p'는 'have p.p(과거의 어떤 행동)'가 '～임이 틀림없다'는 의
미의 'must'와 함께 쓰임으로써 '～했음이 틀림없다'는 강한 추측, 확신
의 감정을 전달한다.

- 그녀는 그걸 알고 있는 게 틀림없습니다.
  ▶ She **must know** it.

  (그때) 그녀는 그걸 알고 있었던 게 틀림없습니다.
  ▶ She **must have known** it (then).

- (지금) 당신은 피곤한 게 틀림없습니다.
  ▶ You **must be** tired (now).

  (어제) 당신은 피곤했었던 게 틀림없습니다.
  ▶ You **must have been** tired (yesterday).

- 그들은 돈이 있는 게 틀림없습니다.
  ▶ They **must have** money.

  그들은 돈이 있었던 게 틀림없습니다.
  ▶ They **must have had** money.

- 그는 밤을 꼬박 새운 게 틀림없습니다.
  ▶ He **must have stayed up** all night.

- 제가 뭔가를 빠뜨렸던 게 틀림없습니다.
  ▶ I **must have missed** something.

- 우리의 계획들이 잘못되었음이 틀림없습니다.
  ▶ Our plans **must have gone** wrong.

- 그는 회의에 참석하지 않은 게 틀림없습니다.
  ▶ He **must not have attended** the meeting.

- 당신은 그 책을 읽지 않은 것이 틀림없습니다.
  ▶ You **must not have read** the book.

- 당신은 그녀를 실망시킨 뭔가를 했음이 틀림없습니다.
  - ▶ You **must have done** something which disap-pointed her.

089.

당신은 적어도 제게 말해줄 수는 있었잖아요.

- ■ At least, you **could have told** me.

※ 'could have p.p'는 'have p.p(과거의 어떤 행동)'가 '~할 수도 있다'는 의미의 'could'와 함께 쓰임으로써 '~할 수도 있었다'라는 실제 하지 않은 일에 대한 후회, 유감의 감정, 또는 당시 상황의 설명 등을 표현한다.

예문 연습

- (저는 무척 피곤합니다.) 하루 종일이라도 잘 수 있을 것 같습니다.
  - ▶ (I'm so tired.) I **could** sleep all day.

(저는 무척 피곤했습니다.) 하루 종일이라도 잘 수 있었을 것입니다.
  - ▶ (I was so tired.) I **could have slept** all day.

- 당신은 저와 함께 머물러도 됩니다.
  - ▶ You **could** stay with me.

당신은 저와 함께 머물러도 됐었습니다.
  - ▶ You **could have stayed** with me. (but you didn't.)

- (당신이 원하면) 제가 당신 집으로 갈 수도 있습니다.
  - ▶ I **could** come to your house (if you want).

  제가 당신 집으로 갈 수도 있었습니다.
  - ▶ I **could have come** to your house. (but I didn't.)

- 당신은 제 컴퓨터를 사용해도 됐었습니다.
  - ▶ You **could have used** my computer.

- 그들은 더 일찍 올 수도 있었습니다.
  - ▶ They **could have come** earlier.

- 상황은 더 나쁠 수도 있었습니다.
  - ▶ The situation **could have been** much worse.

- 그는 적군을 죽일 수도 있었습니다.
  - ▶ He **could have killed** the enemy.

- 어쨌든 저는 올 수도 없었을 겁니다.
  - ▶ I **couldn't have come** anyway.

- 그들은 제가 숨어있는 걸 볼 수도 없었을 겁니다.
  - ▶ They **couldn't have seen** me hiding.

090.

그는 파티에 갔을 수도 있습니다. **may/might have p·p 용법-추측**

■ He **may have gone** to the party.

※ 'may/might have p.p'는 'have p.p(과거의 어떤 행동)'가 '~일 수도 있다' 라는 추측의 의미를 가진 'may' 또는 'might'와 함께 쓰임으로써 '~했을 수도 있다/~했는지도 모른다'라는 일어났을 수도 있었던 과거에 대한 추측의 감정을 전달한다.

- 그는 갈 수도 있습니다.

  ▶ He **may**(=*might*) go.

그는 갔을 수도 있습니다.

  ▶ He **may have gone**.

- 그들은 진실을 알 수도 있습니다.

  ▶ They **might**(=*may*) know the truth.

그들은 진실을 알았을 수도 있습니다.

  ▶ They **might have known** the truth.

- 우리는 그를 공항에서 봤을 수도 있습니다.

  ▶ We **might have seen** him at the airport.

- 저는 그 음악을 어딘가에서 들었을 수도 있습니다.

  ▶ I **may have listened** to the music somewhere.

- 당신은 그 소식을 들었을 수도 있습니다.

  ▶ You **might have heard** the news.

- 저는 취했을 때 그렇게 말했을지도 모릅니다(말했을 수도 있습니다).

  ▶ I **might have said** so when I was drunk.

- 그는 책상 위에 그걸 놨을 수도 있습니다.

  ▶ He **might have put** it on the desk.

- 그녀는 그에게 거짓말했을 수도 있습니다.

  ▶ She **may have lied** to him.

- 우리는 그 계산서를 지불하지 않았을 수도 있습니다.

  ▶ We **may not have paid** the bill.

- 그는 열차를 놓치지 않았을 수도 있습니다.

  ▶ He **might not have missed** the train.

091.

당신이 저를 도울 수 있을지 궁금합니다.

■ I **wonder if** you can help me.　　(*if* = *whether*)

※ 가정법에서 주로 많이 쓰이는 'if'는 wonder, doubt, see, be not sure, ask, know, tell 등의 뒤에 계속되는 절을 이끌어 '~인지 아닌지'의 의미로 간접의문문을 이끄는 경우가 많다. 'if' 대신 'whether(~or not)'을 쓸 수도 있으나, 구어체에서는 'if'가 더 많이 쓰인다.

예문 연습

- 그가 제 계획을 찬성할 수 있을지 (없을지) 궁금합니다.

  ▶ I **wonder if**(=*whether*) he could approve my plan (or not).

- 당신이 제게 돈을 좀 빌려줄 수 있는지 궁금합니다.

  ▶ I **wonder if** you can lend me some money.

- 그게 사실인지 (아닌지) 저는 모릅니다.

  ▶ I **don't know if**(=*whether*) it is true (or not).

- 그가 우리에게 그 정보를 제공할 수 있는지 우린 모릅니다.

  ▶ We **don't know if** he can provide us with the information.

- 그는 자신이 더 머무를 수 있는지 모릅니다.
  - ▶ He **doesn't know if** he'll be able to stay longer.

- 그녀가 그 아이디어를 좋아할지 저는 확실히 모릅니다.
  - ▶ I'**m not sure if**(=*whether*) she will like the idea (or not).

- 저는 제가 임금 인상을 받을 수 있는지 확신할 수 없습니다.
  - ▶ I'**m not sure if** I can get a raise.

- 우리는 마감일을 맞출 수 있는지 확신할 수 없습니다.
  - ▶ We'**re not sure if** we can meet the deadline.

- 제가 그를 도울 수 있는지 봅시다.
  - ▶ Let me **see if**(=*whether*) I can help him.

- 당신이 다른 방법으로 그걸 할 수 있는지 봅시다.
  - ▶ Let me **see if** you can do it in different ways.

- 제가 그것의 다른 예를 찾을 수 있는지 봅시다.
  - ▶ Let me **see if** I can find another example of that.

092.

제가 그것 찾는 것을 도와주십시오.

help 용법

■ **Help me find** it.

※ '누가 ~하도록/~하는 걸 도와주다' 라는 의미는 'help somebody to ~'로 표현하지만, 통상 to는 생략하는 경우가 많으며, help의 목적어가 되는 사람도 막연하거나, 특별히 명시하지 않아도 누구인지 알 수 있을 때는 생략할 수 있다. 아울러 아래 예문과 같이 'help somebody with + 명사' 용법도 자주 쓰이는 것에 유의하자.

- 제가 당신이 그것을 찾도록 도와드리겠습니다.
  ▶ I'll **help you** (to) **find** it.

- 당신은 설거지를 도와주시겠습니까?
  ▶ Will you **help me** (to) **do** the dishes?

- 한 젊은 남자가 내가 길 찾는 것을 도와주었습니다.
  ▶ A young man **helped me find** the way.

- 이 책은 당신이 영어를 향상시키는 데 도움이 될 것입니다.
  ▶ This book will **help you improve** your English.

- 그는 제가 그 상자들을 옮기는 걸 도와주지 않았습니다.
  ▶ He didn't **help me lift** the boxes.

- 저는 파티 준비를 도와줄 사람이 필요합니다.
  ▶ I need somebody to **help me organize** the party.

- 저는 이것이 통증을 완화할 것이라고 확신합니다.
  ▶ I'm sure this will **help ease** the pain. (help 목적어 생략)

- 이것은 기후 변화의 영향을 줄이는 데 도움이 될 것입니다.
  ▶ This will **help reduce** the effects of climate change.

- 운동은 당신이 몸무게를 줄이는 데 확실히 도움이 될 것입니다.
  ▶ Exercising will surely **help you lose** some weight.

- 제가 그 일을 도와드리죠.
  ▶ Let me **help** you **with** the work.

- 당신은 어머니의 가사 일을 도와드립니까?
  ▶ Do you **help** your mother **with** the housework?

093.

그는 부자라고 합니다.

■ He **is said to** be rich. *or* It **is said that** he's rich.

※ 수동태의 한 형태로 '…는 ～라고(들) 한다/믿어지고 있다/보도되고 있다' 등 누군가에 대한 소문이나 평, 또는 보도된 내용 등을 표현할 때는 '… is said/believed/reported to + 동사'의 형태로 나타낸다. 이는 'It is said/believed/reported that …'으로 바꾸어 쓸 수도 있으며, that 이하는 그냥 해당 시제의 평서문을 쓰면 된다(94번에서 후술).

예문 연습

- 그는 친절하다고 합니다(그는 친절하다고 사람들이 말합니다).
  ▶ He **is said to** be kind. (=*It is said that he's kind.*)

- 그녀는 매우 지적이라고 여겨집니다.
  ▶ She **is believed to** be very intelligent.
    (=*It is believed that she's very intelligent.*)

- 그는 매우 열심히 일한다고 합니다.
  ▶ He **is said to** work very hard.
    (=*It is said that he works very hard.*)

- 그녀는 상사에 대하여 너무 많이 불평한다고 합니다.
  ▶ She **is said to** complain too much about her boss.
  (=*It is said that she complains too much about her boss.*)

- 그는 음악에 대해 해박한 지식이 있는 것으로 보도되고 있습니다.
  ▶ He **is reported to** have wide knowledge about music.

- 그녀는 서울에서 자신의 사업체들을 운영하는 것으로 여겨집니다.
  ▶ She **is believed to** run her own businesses in Seoul.

- 경제가 회복하기 시작한다고 보도되고 있습니다. (이하 It is ~ 구문 연습)
  ▶ **It is reported that** the economy is beginning to recover.

- 그들은 최근에 헤어졌다고 합니다.
  ▶ **It is said that** they broke up recently.

- 그녀는 한때 헌신적인 엄마였다고 합니다.
  ▶ **It is said that** she once was a devoted mother.

- 그는 회사 돈을 횡령했다고 여겨집니다.
  ▶ **It is believed that** he embezzled company funds.

094

그는 부자였다고 합니다.　　수동태(6)-be said to have p·p~

■ He **is said to have been** rich. *or* It is said that he **was** rich.

> ※ 위 93번에서 잠시 언급한 것과 같이 '~이었다고/~하였다고' 하는 과거 사실에 대해 서술할 때 'It is said/believed/reported that~' 패턴에서는 that 이하에 그냥 평서문 과거시제로 표현하면 되지만 'He/she is said to ~'의 패턴으로 표현하고자 할 때는 to 이하를 'have p.p' 형태를 취해야 한다. (It is said that he was rich. → He is said to have been rich.)
>
> * 이와 같은 변화는 앞서 55번 예문에서 보았던 'It seems that he was rich.'가 'He seems to have been rich.'로 변하는 것과 같은 맥락에서 이해하면 된다.

예문 연습

- 그녀는 매우 아름다웠다고 합니다.
    ▶ She **is said to have been** very beautiful.
    (=*It is said that she was very beautiful.*)

- 그는 많은 돈을 기부했다고 믿어집니다.
    ▶ He **is believed to have donated** a lot of money.
    (=*It is believed that he donated a lot of money.*)

- 그는 선량한 사람들을 죽였다고 보도되고 있습니다.
    ▶ He **is reported to have killed** innocent people.

- 그는 조국에 많은 기여를 했다고 합니다.
    ▶ He **is said to have contributed** a lot to his country.

- 그들은 그 계약에 서명한 것으로 믿어집니다.
  ▶ They **are believed to have signed** the contract.

- 그들은 전쟁 범죄를 저질렀다고 보도되고 있습니다.
  ▶ They **are reported to have committed** war crimes.

- 그는 이미 이혼하고 재혼했다고들 말합니다.
  ▶ He **is said to have** already **divorced** and **remarried**.

- 그녀는 범죄를 저지르지 않은 것으로 알려졌습니다.
  ▶ She **is known to have committed** no crime.

- 그들은 이미 그 나라를 떠난 것으로 알려졌습니다.
  ▶ They **are known to have** already **left** the country.

095.

그는 행복해 보입니다.

■ He **seems happy.** (=*He seems to be happy.*)

※ 앞서 54번에서 살펴보았듯이 seem 다음에는 to + 동사가 나오는 것이 원칙이나 동사가 be동사인 경우, 즉 'to be'가 형용사(또는 명사)와 함께 쓰일 경우에는 'to be'를 생략하고 바로 'seem + 형용사(또는 명사)'로 쓰기도 한다.

- 그녀는 슬퍼 보입니다.
  ▶ She seems (to be) sad.

- 그들은 그 결과들에 대해 만족해 하지 않아 보입니다.
  ▶ They don't seem (to be) happy about the results.

- 그녀는 그 소식에 놀란(충격 받은) 것 같아 보였습니다.
  ▶ She seemed surprised(or shocked) at the news.

- 제 부모님은 저의 결정에 대해 걱정하는 것 같지 않았습니다.
  ▶ My parents didn't seem worried about my decision.

- 그는 오늘 평소보다 바빠 보입니다.
  ▶ He seems busier than usual today.

- 그는 결혼하는 것에 대해 걱정하는 것 같습니다.
  ▶ He seems anxious about getting married.

- 그들의 아이들은 매우 건강해 보입니다.
  ▶ Their children seem very healthy.

- 제 인생은 가끔 허전한 것 같습니다.
  ▶ My life seems empty sometimes.

- 그가 갖고 있는 문제는 매우 심각해 보입니다.
  ▶ The problem he has seems very serious.

- 그가 지금 하는 것은 중요하지 않은 것 같습니다.
  ▶ What he's doing now seems unimportant.

- 그 일은 한 달 전보다 쉬워 보입니다.

  ▶ The work **seems easier** than one month ago.

- 그는 좋은 사람으로 보이지만, 사실은 그렇지 않습니다.

  ▶ He **seems** (to be) **a nice man**, but in fact, he is not.

096. 그는 올 것 같습니다.

be likely to 용법

■ He **is likely to** come. (=*It is likely that he will come.*)

※ 'likely'는 '~할 것 같은'의 뜻으로 강한 가능성을 나타내며, 'be likely to + 동사'와 같이 서술형(He is likely to come)으로 쓰이거나, 명사를 수식(That's a likely story)하는 역할을 한다. 한편 서술형으로 쓰일 경우는 앞서 살펴본 'It seems that~', 'It is said that~'처럼 가주어 it를 이용, 'It is likely that~'으로 표현하기도 한다.

* likely가 가장 강한 가능성을, 그 다음은 probable, 그리고 possible이 가장 약한 가능성을 의미한다.

예문 연습

- 그녀는 성공할 것 같습니다.

  ▶ She **is likely to** succeed.

  (=**It is likely that** she *will* succeed.)

● 대통령은 사임할 것 같지 않습니다.

▶ The president **is not likely to** resign.

(**=It is not likely that** the president *will* resign.)

● 경제는 곧 회복할 것 같습니다.

▶ The economy **is likely to** recover soon.

● 오늘밤에는 비가 올 것 같습니다.

▶ It **is likely to** rain tonight.

● 그것은 가까운 미래에는 일어날 것 같지 않습니다.

▶ It **isn't likely to** happen in the near future.

● 그녀는 (그보다) 선거에서 승리할 가능성이 더 많아 보입니다.

▶ She **is more likely to** win the election (**than** him).

● 당신은 승진할 가능성이 (저보다) 더 적어 보입니다.

▶ You **are less likely to** get a promotion (**than** me).

● 그것은 일어날 것 같지 않은 일입니다.

▶ That's a thing **not likely to** happen.

● 그것은 일어날 듯한 이야기입니다.

▶ That's a story **likely to** happen. (=*That's a likely story*.)

● 당신은 열심히 일하면 더 많이 성취할 수 있을 것입니다.

▶ If you work hard, you'll **be likely to** achieve more.

097.

화내지 마십시오.

■ Don't **get angry**.

※ get은 형용사나 과거분사와 같이 쓰여 '~이 되다'라는 변화, 또는 추이를 나타내는 표현이 된다. 예문에서 보듯이 'get angry'는 단순히 성난, 화가 난 상태만을 서술하는 'be angry'와는 달리 '화나게 되다'라는 action의 의미가 더해지는 차이를 보인다. → get hungry(배고파지다), get old(늙어지다), get drunk(취하게 되다)

예문 연습

● 저는 그를 기다리는 동안 배가 고파졌습니다.

▶ I **got hungry** while waiting for him.

● 당신은 나이가 들면서 아마 알게 될 수도 있습니다.

▶ You will probably know as you **get old**.

● 그는 너무 많은 일로 인해 항상 스트레스를 받습니다.

▶ He always **gets stressed** from too much work.

● 저는 그녀를 보았을 때 당황하게 되었습니다.

▶ I **got embarrassed** when I saw her.

● 저는 심심해지기 시작했습니다.

▶ I started **getting**(=*to get*) **bored**.

● 그는 다음 달에 결혼합니다.

▶ He is **getting married** next month.

● 당신은 더 마시면 취하게 될 것입니다.

▶ If you drink more, you'll **get drunk**.

● 당신은 얼굴이 빨개지고 있습니다.

▶ You're **getting red**.

● 열심히 일하세요. 그러면 당신은 승진하게 될 것입니다.

▶ Work hard, and you'll **get promoted**.

● 그것에 관해 (너무) 흥분하지 마십시오.

▶ Don't **get** (too) **excited** about it.

● 당신은 새로운 환경에 곧 익숙해질 것입니다.

▶ You'll **get used to** the new environment soon.

● 저는 많은 사람들 앞에서 긴장하는 경향이 있습니다.

▶ I tend to **get nervous** in front of a lot of people.

※ 지각동사 : 098. ~ 099.

098.

저는 그가 뛰고 있는 걸 보았습니다.　　　　지각동사 용법(1)

■ I **saw him** runn**ing**.

099.

저는 그가 사무실에서 나가는 것을 보았습니다.　　　　지각동사 용법(2)

■ I **saw him leave** the office.

※ '누가 ~하는 것을 보다'와 같은 표현을 할 때 ① see somebody do(동사 원형) ~, ② see somebody doing(~ing 형태)의 두 가지 형태 모두 가능하나 '~하고 있는 중(~ing)'임을 표현하고자 할 때는 ②와 같이 표현하는 것이 더욱 바람직하며, see 이외에도 hear, feel, listen, watch, find 등의 지각동사 모두 동일한 용법으로 구분, 사용된다.

- 그녀는 교실에서 제가 노래하고 있는 걸 보았습니다.
  ▶ She **saw me** sing**ing** in the classroom.

- 당신은 제가 버스를 기다리고 있는 걸 보았습니까?
  ▶ Did you **see me** wait**ing** for a bus?

- 저는 그가 사무실에서 나가는 것을 보지 못했습니다.
  ▶ I didn't **see him get** out of the office.

- 저는 간밤에 아기가 울고 있는 소리를 들었습니다.
  ▶ I **heard a baby** cry**ing** last night.

- 당신은 비 오는 소리가 들리십니까?
  ▶ Can you **hear it** rain**ing**?

- 뭔가 타는 냄새가 납니다.
  ▶ I can **smell something** burn**ing**.

- 저는 갑자기 누군가가 제 어깨를 만지는 걸 느꼈습니다.
  ▶ I suddenly **felt someone touch** me on the shoulder.

- 우리 다 같이 Kim이 기타 연주하는 걸 듣는 게 어떻겠습니까?
  ▶ Why don't we **listen to Kim** play**ing** the guitar?

- 우리는 그녀가 제 차안에서 자고 있는 걸 발견했습니다.
  ▶ We **found her** sleep**ing** in my car.

100

당신은 제가 누구라고 생각합니까?　　　　　**간접의문문(ㄹ)**

■ Who do you think I am?

※ '의문사(who/when/where…) + do you think~'는 '당신은 누가/언제/어디서. ~라고(한다고) 생각합니까?'라는 뜻으로, 원래의 직접의문문(Who am I?)에 상대방의 의견을 묻는 'Do you think?'가 합쳐지면서 도치되었던 직접의문문은 '주어 + 동사'로 원위치(am I → I am)가 되는 형태를 보인다. (물론 의문사가 주어 역할을 하는 경우에는 원래 의문문에서도 '주어 + 동사'가 도치되지 않는다. → "Who said that?")

* 상대방의 의견을 묻는 말로 think 대신 believe, suppose, imagine 등도 많이 쓰인다. → What do you believe/suppose/imagine~?

예문 연습

● 당신은 그가 뭘 했다고 생각하십니까?

▶ **What do you think** he did?

● 당신 생각에는 그가 언제 돌아올 것 같습니까?

▶ **When do you think** he will come back?

● 당신은 제가 왜 여기 있다고 생각하십니까?

▶ **Why do you think** I'm here?

● 당신은 그녀가 오늘 아침에 어디에 있었다고 생각하십니까?

▶ **Where do you think** she's been this morning?

● 당신은 그가 어떻게 그 전쟁에서 생존할 수 있었다고 생각합니까?

▶ **How do you think** he managed to survive the war?

● 당신은 누가 당신의 MP3 플레이어를 망가뜨렸다고 생각합니까?

▶ **Who do you think** broke your MP3 player?

● 당신은 언제 그가 대출을 갚을 수 있을 거라고 생각합니까?
▶ **When do you think** he'll be able to repay the loan?

● 당신은 무엇이 가장 전형적인 한국 음식이라 생각합니까?
▶ **What do you think** is the most typical Korean food?

● 당신은 제가 어디서 똑같은 것을 살 수 있다고 생각합니까?
▶ **Where do you think** I can get the same one?

● 당신은 왜 그것이 그들 사이에서 유행했다고 생각합니까?
▶ **Why do you think** it became popular among them?

※ 장소/시간/방법/이유/사람/물건의 설명(관계사)
　: 101. ~ 106.

101.
그곳이 제가 태어난 곳입니다.　　　　　　　장소의 설명
■ **That's** (the place) **where** I was born.

102.
그때가 제가 그를 만났던 때였습니다.　　　　시간의 설명
■ **That was** (the time) **when** I met him.

103.

이게 제가 그걸 하는 방법입니다.

■ **This is** (the way) **how** I do it.

104.

그게 제가 당신을 필요로 하는 이유입니다.

■ **That is** (the reason) **why** I need you.

105.

그 사람이 그것을 한 사람입니다.

■ He is **the man who** did it.

106.

그것이 제가 원하는 것입니다.

■ **That's what** I want.

※ 관계사는 두 개의 절을 이어주는 역할을 하며, 예문에서 나온 'where/when/how/why' 등은 관계부사, 'who/what' 등은 관계대명사, 그리고 'whose'는 관계형용사라고 한다. 이는 모두 장소, 시간, 방법, 이유, 사람 등을 설명할 때 쓰이는 표현이며, the place, the time, the way, the reason, the man, the thing 등은 생략할 수도 있다. 단, 103번에서 the way와 how는 둘 중 하나만 쓰는 경향이 많다는 것을 유의해야 한다.

상기 문법적 설명은 다소 어렵고 복잡하게 느껴질 수도 있다. 그러나 어떤 것이 관계부사이고 무엇이 관계대명사 또는 관계형용사냐 하는 것을 단순히 외우기보다는 예문 만드는 연습을 많이 하면서 자연스럽게 각각의 용법을 체득하는 것이 훨씬 수월하고 효과적이라는 것을 명심하자.

● 이 집은 제가 살았던 곳입니다.

▶ **This house is where** I used to live in.

● 그곳은 제가 그를 마주친 곳이 아닙니다.

▶ **That's not (the place) where** I ran into him.

● 그때는 제가 아내를 처음 만난 때입니다.

▶ **That was (the time) when** I first met my wife.

● 그때는 경제가 둔화하기 시작하던 때입니다.

▶ **That was when** the economy began to show a slowdown.

● 지금은 당신이 새로운 사업을 시작할 때가 아닙니다.

▶ **This isn't the time when** you start a new business.

● 그를 마지막으로 봤을 때가 언제였습니까?

▶ **When was the last time (when)** you saw him?

● 그것이 그 사람이 백만장자가 된 방법이었습니다.

▶ **That was (the way) how** he became a millionaire.

● 이것이 당신이 사람들의 주의를 끌 수 있는 방법입니다.

▶ **This is how** you could attract people's attention.

- 이것이 당신이 그 문제를 처리했던 방법입니까?
  - ▶ **Is this the way (how)** you dealt with the problem?

- 이것이 제가 당신을 만나고 싶어 했던 이유입니다.
  - ▶ **This is (the reason) why** I've been wanting to see you.

- 당신은 왜 제게 이렇게 하고 있는지 이유를 말해주십시오.
  - ▶ **Tell me (the reason) why** you're doing this to me.

- 그는 그 은행을 턴 사람이 아닙니다.
  - ▶ **He is not the man who** robbed the bank.

- 경찰은 그 집에 불을 지른 사람을 찾았습니다.
  - ▶ **The police found the man who** set fire to the house.

- 그것이 그가 그녀에게 구해 주려고 했던 것입니다.
  - ▶ **That's (the thing) what** he tried to get for her.

107.

저는 거기에서 일하는 것이 좋습니다.　　　　　**like ~ing 용법**

■ **I like working** there.

※ 'like to + 동사'와 'like ~ing'는 의미상 비슷하여 구별 없이 쓰이기도 하지만 'like ~ing'는 주로 이미 항상 하고 있는 것(해야 하는 것) 또는 이미 존재하는 것에 대하여 서술할 때 더 자주 쓰인다. → I like working for my company / I like living here. / My wife doesn't like cooking…

- "당신은 당신 회사를 위해 일하는 걸 좋아합니까?"
  ▶ "Do you like working for your company?"

"예, 저는 펀드매니저로 일하는 걸 좋아합니다."
  ▶ "Yes, I like working as a fund manager."

- "저는 조그만 마을에 살고 있습니다. 저는 그곳에 사는 걸 좋아합니다."
  ▶ "I live in a small town. I like living there."

- 제 아내는 요리를 좋아합니다. 그녀는 그림 그리는 것도 좋아합니다.
  ▶ My wife likes cooking. She also likes painting.

- "당신은 한가로울 때 뭘 하는 걸 좋아합니까?"
  ▶ "What do you like to do when you're free?"

"저는 제 아이들과 시간 보내는 걸 좋아합니다."
  ▶ "I like to spend time with my kids.

"저는 그들과 운동하는 걸 좋아합니다."
  ▶ "I like to play sports with them."

- "당신은 어떤 음악을 듣는 걸 좋아합니까?"
  ▶ "What kind of music do you like to listen to?"

"저는 재즈와 록 음악 듣는 걸 좋아합니다."
  ▶ "I like to listen to jazz and rock music."

"당신은 노래 부르는 것도 좋아합니까?"
  ▶ "Do you also like to sing songs?"

"저는 노래하는 걸 좋아하지 않습니다. 하지만 춤추는 걸 좋아합니다."

▶ "I **don't like to sing**. But I **like to dance**."

108.

당신이 부탁했었다면 저는 당신을 도왔을 것입니다.

3rd Conditional-과거 사실에 대한 가정

■ **If** you **had asked**, I **would have helped** you.

※ 3rd Conditional은 실제 과거에 있었던 일에 대하여 반대로 가정할 때 사용하며, If절은 과거완료(had + 과거분사), 주절은 would/could/might have + 과거분사로 표현한다. 주절은 이미 살펴본 '조동사 + have + 과거분사'와 같은 맥락에서 의미를 이해하고 활용하면 된다.

* 1st Conditional : 79번 참조, 2nd Conditional : 85번 참조

예문 연습

● 제가 더 열심히 노력했었다면 더 잘했을 것입니다.

▶ If I **had tried** harder, I **would have done** better.

● 그가 돈이 있었다면 그는 그것을 샀을 것입니다.

▶ If he **had had** money, he **would have bought** it.

● 제가 한가했었다면 그 콘서트에 갔을 것입니다.

▶ If I **had been** free, I **would have gone** to the concert.

- 제가 그를 봤었다면 (그에게) 안녕이라고 말했을 것입니다.
  - ▶ If I **had seen** him, I **would have said** hello (to him).

- 당신이 늦지 않았었다면 우리는 표를 구했을 것입니다.
  - ▶ If you **hadn't been** late, we **would have gotten** a ticket.

- 제게 충분한 돈이 있었다면 당신을 도울 수 있었을 것입니다.
  - ▶ If I **had had** enough money, I **could have helped** you.

- 당신이 더 열심히 공부했다면 더 좋은 직업을 얻을 수 있었을 것입니다.
  - ▶ If you **had studied** harder, you **could have gotten** a better job.

- 당신이 부자였다면 무엇을 할 수 있었겠습니까?
  - ▶ If you **had been** rich, what **could you have done**?

- 우리가 일찍 떠나지 않았다면 그를 볼 수 있었을 겁니다.
  - ▶ If we **hadn't left** early, we **could have seen** him.

- 날씨가 좋았었다면 그는 아마도 거기까지 걸어갔을 것입니다.
  - ▶ If the weather **had been** fine, he **might have walked** there.

- 그가 피곤하지 않았다면 그는 밖에 나갔었을지도 모릅니다.
  - ▶ If he **hadn't been** tired, he **might have gone** out.

109.

가능한 한 빨리 집에 오십시오.

■ Come home **as** soon **as possible**.

※ 'as A as B'는 일종의 비교구문으로 'B 정도(만큼) A 한(하게)'의 의미를 나타내는데, 특히 'as ~ as possible'은 '가능한 한 ~하게'의 뜻으로 많이 쓰이는 표현이며 soon, early, fast, much, many… 등과 같이 쓰일 수 있다.

예문 연습

● 당신은 가능한 한 자주 운동하도록 노력해야 합니다.
▶ You should try to exercise **as often as possible**.

● 가능한 한 일찍 일어나도록 확실히 하십시오.
▶ Make sure to get up **as early as possible**.

● 다른 사람들의 의견을 가능한 한 많이 존중하십시오.
▶ Respect other people's opinions **as much as possible**.

● 당신은 그 일을 가능한 한 빨리 끝내는 게 좋겠습니다.
▶ You should finish the work **as quickly as possible**.

● 저는 당신이 가능한 한 빨리 그 협상을 마무리 했으면 좋겠습니다.
▶ I want you to close the deal **as quickly as possible**.

● 당신은 가능한 한 빨리 뛰어야 한다는 것을 기억하십시오.
▶ Remember that you should run **as fast as possible**.

● 우리는 최대한 적절한 시기에 조치를 취하는 것이 좋습니다.
▶ We should take action as timely as possible.

● 저는 정말 가능한 한 오래 여기에 머물고 싶습니다.
▶ I really want to stay here as long as possible.

● 그 새는 가능한 한 높이 날려고 노력했습니다.
▶ The bird tried to fly as high as possible.

● 당신은 가능한 한 책을 많이 읽어야 합니다.
▶ You should read as many books as possible.

● 의사는 제게 가능한 한 물을 많이 마시라고 충고했습니다.
▶ The doctor advised me to drink as much water as possible.

---

110. 제가 할 수 있는 한 빨리 그것을 끝내겠습니다.　　as~as··· 용법(ㄹ)

■ I will finish it as soon as I can.

※ 예문에서 보듯이 'as A as B'의 B에는 '주어 + 동사'가 올 수도 있으며, 비교 대상이나(as tall as you), 비교 시점이 될 수 있는 before 등도 올 수 있다. 또한 A에는 'many(much) + 명사'의 형태도 많이 쓰이고 있다.

- 저는 할 수 있는 한 빨리 그 수업에 등록하는 게 낫겠습니다.

  ▶ I'd better enroll in the class **as soon as I can**.

- 저는 원하는 만큼 오랫동안 그걸 간직할 수 있습니까?

  ▶ Can I keep it **as long as I want**?

- 제가 아는 한 그는 아무 범죄도 저지르지 않았습니다.

  ▶ **As far as I know**, he committed no crime.

- 저는 당신이 생각하는 것만큼 행복한 건 아닙니다.

  ▶ I'm not **as happy as you might think**.

- 이것은 겉으로 보이는 것만큼 맛있지는 않습니다.

  ▶ This doesn't taste **as good as it looks**.

- 그는 키가 저와 비슷합니다.

  ▶ He is **as tall as I** (am).

- 그녀는 전처럼 좋은 사람이 아닙니다.

  ▶ She is not **as good as** (she was) **before**.

- 당신은 당신이 필요로 하는 만큼의 돈을 쓸 수 있습니다.

  ▶ You can spend **as much money as you need**.

- 우리는 할 수 있는 한 건강한 음식을 많이 먹어야 합니다.

  ▶ We should eat **as many healthy foods as we can**.

- 그녀는 할 수 있는 한 책을 많이 읽으려고 노력했습니다.

  ▶ She tried to read **as many books as she could**.

- 제 기억에 그녀는 그런 말을 하였습니다.
  - ▶ **As far as I remember**, she said something like that.

- 제 생각에는 그 사람이 그 일에 적임자입니다.
  - ▶ **As far as I'm concerned**, he is the right person for the job.

111.

당신이 그 말로 의미하는 게 무엇입니까?

mean 용법(1)

■ **What do you mean by that?**

※ 'mean'은 사전적 의미로는 통상 '의미하다'의 뜻이지만, 위 예문의 경우 '그게 무슨 말이에요?' 정도의 어감으로 상대방의 말이나 글에 대한 뜻을 물을 때 흔하게 쓸 수 있는 단어이다. 특히 'I mean…'은 자신의 의견이나 생각을 확실하게 다시 설명하고 싶을 때 '아…/그러니까…/내 말은…'의 어감으로 많이 쓸 수 있는 표현이다.

예문 연습

- 제 말은 저는 더 이상 그걸 하고 싶지 않다는 말입니다.
  - ▶ **I mean** (that) I don't want to do it any more.

- 제 말은 제가 당신에게 반하고(빠지고) 있다는 겁니다.
  - ▶ **What I mean is** I'm falling for you.

- 당신이 돈을 좀 빌리고 싶다는 말입니까?
  - ▶ **Do you mean** you want to borrow some money?

- 저는 그걸 말하는 게 아닙니다. 제가 정말 의미하는 것은……
  - ▶ I **don't mean it. What I really mean** (by that) is……

- 제 말은 당신이 환불을 받을 수 있을 거란 말이 아닙니다.
  - ▶ I **don't mean** you'll be able to get a refund.

- 그는 이 방에 있는 모두를 고용하겠다고 말한 게 아니었습니다.
  - ▶ He **didn't mean** he would hire everyone in this room.

- 당신 말은 그들이 우리 회사를 인수할 거라는 것이었습니까?
  - ▶ **Did you mean** they would take over our company?

- 당신이 어제 그것에 대해 말했을 때 뭘 의미하는 것이었습니까?
  - ▶ **What did you mean** when you talked about it yesterday?

- 제 말은 그런 뜻이 아닙니다. 제 말은……
  - ▶ That is not **what I mean. I mean that**……

- 그건 그런 의미가 아닙니다. 그건 당신의 잘못이 아니라는 의미입니다.
  - ▶ It **doesn't mean** that. **It means** it's not your fault.

- 저는 특별히 누구를 가리켜 말한 게 아닙니다.
  - ▶ I **didn't mean** anyone in particular.

- 이건 제가 조만간 해고된다는 말인가요?
  - ▶ **Does this mean** I'm going to be fired soon?

112.

저는 그 말을 하려는 게 아니었습니다.

■ I didn't **mean to** say that.

mean 용법(ㄹ)

※ 'mean'의 용법 중 자주 쓰이는 또 하나의 용법은 'mean to do~'이며,
'~할 의도, 작정, 예정'임을 표현할 때 쓰인다.

예문 연습

● 당신을 괴롭히고자 하는 건 아닙니다.

▶ I **don't mean to** bother you.

● 당신을 놀라게(겁나게) 하려고 하는 건 아닙니다.

▶ I **don't mean to** scare you.

● 그녀가 당신에게 상처를 주고자 한 건 아니었습니다.

▶ She **didn't mean to** hurt you.

● 이것은 제가 하고자 했던 게 아닙니다.

▶ This is not **what I meant to do**.

● 저는 제가 할 수 있는 모든 걸 하겠다고 말하려던 것입니다.

▶ I **meant to say** I would do all I could.

● 저는 결코 당신을 화나게 하려고 했던 게 아닙니다.

▶ I **never meant to** make you angry.

● 제가 그걸 말하려는 의도는 아니었습니다.

▶ I **didn't mean to say** that.

● 그가 당신에게 거짓말하려는 건 아니었습니다.

▶ He **didn't mean to** lie to you.

- 그가 당신 감정을 상하게 하려던 의도는 아니라는 걸 당신은 아셔야 됩니다.

  ▶ You should know he **didn't mean to** hurt your feeling.

- 그가 그런 말을 하려는 의도였는지 아닌지는 중요하지 않습니다.

  ▶ It doesn't matter whether he **meant to** say it or not.

- 저는 당신을 당황스럽게 하려고 한 게 아닙니다. 저는 단지 당신을 칭찬하려고 했던 것입니다.

  ▶ I **didn't mean to** embarrass you. I just **meant to** compliment you.

※ or/and 용법 : 113. ~ 114.

113.

서두르세요. 그렇지 않으면 당신은 늦을 겁니다.　　　or 용법

■ Hurry up, **or** you will be late.

114.

서두르세요. 그러면 당신은 제 시간에 맞출 겁니다.　　　and 용법

■ Hurry up, **and** you will be in time.

※ 명령문 다음에 접속사 'or'가 오면 '그렇지 않으면'을 의미하고, 명령문 다음에 'and'가 오면 '그러면'을 의미한다.

● 열심히 일하세요. 그렇지 않으면 당신은 실패할 겁니다.
▶ Work hard, **or** you will fail.

● 열심히 일하세요. 그러면 당신은 성공할 겁니다.
▶ Work hard, **and** you will succeed.

● 더 크게 말하세요. 그렇지 않으면 그들이 당신 목소리를 듣지 못할 수도 있습니다.
▶ Talk louder, **or** they may not hear you.

● 더 크게 말하세요. 그러면 그들이 당신 목소리를 들을 수도 있습니다.
▶ Talk louder, **and** they could hear you.

● 따뜻하게 입으세요. 그렇지 않으면 감기에 걸릴 겁니다.
▶ Dress warmly, **or** you will catch (a) cold.

● 따뜻하게 입으세요. 그러면 감기에 안 걸릴 겁니다.
▶ Dress warmly, **and** you won't catch (a) cold.

● 다른 사람들에게 친절하십시오. 그러면 더 행복감을 느낄 것입니다.
▶ Do good to others, **and** you will feel happier.

● 부모에게 효도하십시오. 그렇지 않으면 깊이 후회할 것입니다.
▶ Be good to your parents, **or** you will deeply regret.

● 더 열심히 공부해라, 그렇지 않으면 넌 수학시험에서 낙제할 것이다.
▶ Study harder, **or** you will flunk your math test.

115. 성공하기 위해서 당신은 열심히 일해야 합니다.

in order to 용법(1)

■ You should work hard **in order to** succeed.

116. 당신은 감기에 걸리지 않기 위해선 옷을 따뜻하게 입어야 합니다.

in order to 용법(2)-부정

■ You should dress warmly **in order not to** catch cold.

> ※ 'in order to~'는 '~하기 위하여'라는 의미로 자주 쓰이는 표현이며, 'in order that one may ~'로도 바꿔 쓸 수 있다. 부정형으로 만들 때, 즉 '~하지 않기 위하여'라는 의미를 나타내기 위해서는 'in order not to~'를 사용한다. 또한 '누가 ~하기 위하여'라는 의미는 'in order for somebody to~'를 사용한다.

예문 연습

● 그 시험에 합격하기 위해서 당신은 열심히 공부해야 합니다.

▶ You should study hard **in order to** pass the exam. (=*You should study hard in order that you may pass the exam.*)

● 당신은 제 시간에 맞추기 위하여 서둘러야 합니다.

▶ You should hurry up **in order to** be in time.

- 우리는 매출을 높이기 위해 뭔가를 할 필요가 있습니다.
  - ▶ We need to do something **in order to** increase sales.

- 시간을 허비하지 않기 위해 우리는 미리 계획하는 것이 좋겠습니다.
  - ▶ We'd better plan ahead **in order not to** waste time.

- 저는 똑같은 실수를 반복하지 않기 위해 더 주의해야 합니다.
  - ▶ I should be more careful **in order not to** repeat the same mistake.

- 당신은 나중에 후회하지 않기 위해 최선을 다해야 합니다.
  - ▶ You should do your best **in order not to** regret later.

- 모든 사람들이 이해할 수 있도록 당신은 다시 설명할 필요가 있습니다.
  - ▶ **In order for everyone to** understand, you need to explain again.

- 당신은 그들이 당신 목소리를 들을 수 있게 더 크게 말해야 합니다.
  - ▶ You should talk louder **in order for them to** hear you.

당신이 건강한 게 중요합니다.　　　가주어 it(2)-It is~ that…

■ **It is important that** you **be** in good health.

※ 'It is important/essential/necessary/critical/vital/imperative that~'은 '~은(~하는 것은) 중요/필요/절박하다' 등 비슷한 의미로 쓰이는 문장 형태이며, that 이하는 권유, 제안, 의무 등의 내용을 포함하는, 아직 일어나지 않은 일에 대한 일종의 가정이기 때문에 가정법(Subjunctive)으로 분류되기도 한다. 여기서 주의해야 할 것은 that 이하에 나오는 동사는 인칭이나 시제에 상관없이 동사 원형이 쓰인다는 것이다(이는 should가 생략되었기 때문이라고 보면 무방하다).

* 이와 같은 가정법(Subjunctive)의 일종으로 'suggest/recommend/insist… that~'의 형태가 있으며, 이때도 that 이하의 동사는 항상 원형이다.
→ I suggest he go. (122번 후술)

예문 연습

● 그가 회의에 참석하는 것은 중요합니다.

▶ **It is important that** he **attend** the meeting.

● 우리는 문제를 파악하는 것이 필요했습니다.

▶ **It was necessary that** we **identify** the problem.

● 그녀는 자신의 아이들과 대화하는 것이 중요(critical)합니다.

▶ **It is critical that** she **communicate** with her kids.

● 그들은 고품질의 제품을 제공하는 게 필수적(critical)입니다.

▶ **It is critical that** they **provide** quality goods.

● 우리는 약간의 돈을 저축하는 것이 절대적으로 필요(vital)했습니다.

▶ **It was vital that** we **save** some money.

- 아이들이 학대받지 말아야 하는 게 중요(vital)합니다.

  ▶ **It is vital that** children **not be** abused.

- 그는 지체 없이 행동하는 것이 절박한(imperative) 상황입니다.

  ▶ **It is imperative that** he **act** at once.

- 우리는 북한과 회담을 재개하는 것이 절박(imperative)합니다.

  ▶ **It is imperative that** we **resume** talks with North Korea.

- 당신은 항상 영어를 하도록 노력하는 것이 필요합니다.

  ▶ **It is necessary that** you always **try** to speak English.

118.

저는 일요일에 일하는 것을 개의치 않습니다.　　　`mind 용법`

■ I don't **mind working** on Sundays.

※ mind는 우리말의 '개의하다'와 비슷한 의미로 'Would you mind~?'로 시작하는 질문에 대해 '개의치 않는다', '괜찮다'고 대답할 때는 'No, I don't mind.'라고 해야 하고, mind 다음에는 명사, 또는 '~ing' 형태가 올 수 있다. 'Would you mind if~?'는 가정법(2nd conditional: If + 동사 과거형, would + 동사 원형)이므로 if절에 동사 과거형이 나와야 하나 구어체에서는 현재형도 많이 사용된다. 한편 'Would/Do you mind ~ing'는 상대방에게 '~해 달라'는 정중한 표현이다.

예문 연습

- 저는 그걸 개의치(신경 쓰지) 않습니다.

  ▶ I don't **mind** it.

● 저는 밖에서 기다려도 괜찮습니다.
　▶ I **don't mind** wait**ing** outside.

● 개의치 마십시오. / 그를 전혀 개의치 마십시오.
　▶ **Never mind**. / **Never mind him** at all.

● 창문을 열어주시겠습니까? (직역하면 "창문 열어주시는 것 귀찮으십니까?")
　▶ **Would you mind** open**ing** the window?

● 운전 좀 해주시겠습니까? 제가 점점 피곤해져서요.
　▶ **Do you mind** driv**ing**? I'm getting tired.

● 제가 담배 피는 것이 싫으십니까? (피워도 되겠습니까?)
　▶ **Would you mind me**(*or my*) smok**ing**?

● 당신 것이 고쳐질 때까지 제 것을 사용해도 상관없습니다.
　▶ I **don't mind you**(*or your*) us**ing** mine until
　　yours is fixed.

● 제가 사적인 질문을 해도 괜찮겠습니까?
　▶ **Do you mind if** I **ask** you a personal question?

● 제가 그걸 한번 봐도 괜찮겠습니까?
　▶ **Would you mind if** I **took**(*or take*) a look at it?

● 그가 무례하게 굴어도 저는 개의치 않습니다.
　▶ I **don't mind if** he is being rude.

● 저는 다른 사람들이 저에 대해 무슨 말을 하든 개의치 않습니다.
　▶ I **don't mind**(=*don't care*) **what** others say
　　about me.

119. 비록 저는 가난하지만 행복합니다.　　**though 용법**

■ **Though** I'm poor, I'm happy.

120. 비가 온다 해도 우리는 가야 합니다.　　**even if 용법**

■ **Even if** it rains, we have to go.

※ 양보절을 이끄는 접속사 'though'는 '비록 ～하지만', 'even though'는 'though'를 약간 강조하는 의미를 내포한다. 그러나 둘 다 말하는 사람이 이미 알고 있는 사실을 표현한 양보절인 반면, 'even if'는 아직 확실하지 않은, 확실히 알지 못하는 일에 대한 양보절로서 '～한다 해도/～할지라도'의 의미에 가깝다. 즉, 'even if'는 가정의 의미를 포함한다고 이해하는 것이 바람직하다. → 위 예문 비교.

예문 연습

● 당신이 약간 뚱뚱하긴 하지만 저는 여전히 당신을 사랑합니다.

▶ **Though** you're a little fat, I still love you.

● 당신이 뚱뚱하다고 해도 저는 당신을 사랑할 것입니다.

▶ **Even if** you're fat, I will love you.

● 그가 제 상사이긴 하지만 우리는 항상 친구처럼 말합니다.

▶ **Though** he is my boss, we always talk like friends.

- 그가 제 상사라고 해도 저는 그의 말을 듣지 않을 겁니다.

  ▶ **Even if** he is my boss, I won't listen to him.

- 저는 비록 진실을 알지만 당신에게 말하지 않을 겁니다.

  ▶ **Though** I know the truth, I won't tell you.

- 그녀는 비록 어리지만 그녀의 가족을 부양해야 합니다.

  ▶ **Though** she is young, she has to support her family.

- 그는 비록 지능이 높았지만 공부를 하고 싶어 하진 않았습니다.

  ▶ **Though** he was intelligent, he didn't want to study.

- 그것이 비용이 많이 들지라도 우리는 하나를 사야만 할 것입니다.

  ▶ **Even if** it costs a lot, we'll have to get(=*buy*) one.

- 당신이 그것을 싫어한다고 해도 당신은 그걸 해야만 합니다.

  ▶ **Even if** you don't like it, you must do it.

121.

그는 모든 걸 다 아는 것처럼 말합니다.

as if 용법

■ He talks **as if** he **knew** everything.

※ 'as if'는 현재 사실과 다른, 또는 확실치 않은 일에 대한 가정의 의미, 즉 '마치 ~인 것처럼'의 뜻을 나타낸다('as though~'도 비슷한 의미이다). 이 때 동사는 가정법의 if절 동사의 시제와 똑같이 맞추는 것이 원칙이다(2nd Conditional은 과거, 3rd Conditional은 과거완료). '한편 'as if to + 동사'는 '마치 ~하듯'을 의미한다.

- 마치 비가 올 것처럼 보입니다.

  ▶ It looks **as if**(=*as though*) it's going to rain.

- 그는 항상 내 상사인 양 말을 합니다.

  ▶ He always talks **as if** he **were** my boss.

- 그녀는 마치 복권에 당첨된 듯 보입니다.

  ▶ She looks **as if** she **won** the lottery.

- 그는 마치 백만장자처럼 돈을 많이 씁니다.

  ▶ He spends a lot of money **as if** he **were** a millionaire.

- 그녀는 (목소리가) 마치 감기에 걸린 것처럼 들렸습니다.

  ▶ She sounded **as if** she **had had** a cold.

- 그녀는 저를 오랫동안 알고 있던 것처럼 행동했습니다.

  ▶ She acted **as if** she **had known** me for a long time.

- 그는 마치 그것을 전혀 모르는 듯 행동했습니다.

  ▶ He behaved **as if** he **had not known** it at all.

- 저는 제게 아무 일도 안 일어난 것처럼 행동했습니다.

  ▶ I acted **as if** nothing **had happened** to me.

- 그는 마치 우리 모두를 환영하는 것처럼 미소 지었습니다.

  ▶ He smiled **as if to** welcome us all.

- 그녀는 마치 화가 난 걸 보여주듯 제게 대답하지 않았습니다.

  ▶ She didn't answer me **as if to** show her anger.

- 그녀는 감사의 뜻을 전하기라도 하듯 저를 계속 쳐다보았습니다.

  ▶ She kept looking at me **as if to** show her gratitude.

122.

저는 그가 갈 것을 제안하였습니다.　　　　　　　　

■ I **suggested** (that) he **go.**

※ 권유, 제안 등을 나타내는 suggest, recommend, insist, propose, demand 다음에 that절이 올 경우, that절의 동사는 항상 인칭과 시제에 관계없이 원형이 와야 한다(부정형은 'not + 동사 원형'). that 이하는 아직 이루어지지 않은 사실, 단지 권유, 또는 제안된 일에 불과하므로 Subjunctive(가정법–117번 참조)의 일종이기 때문이다.

＊ 시제에 상관없이 동사 원형을 써야 한다는 것은 우리말 뜻을 생각하면 이해가 더 빠를 수 있다.
→ 저는 그가 <u>가는</u> 걸 제안 했습니다. (O) / 저는 그가 <u>갔다는</u> 걸 제안 했습니다. (×)

예문 연습

- 그는 저에게 함께 저녁을 먹자고 제안했습니다.

  ▶ He **suggested** I **have** dinner with him.

- 당신은 그녀에게 결혼식에 뭘 입고 가라고 제안합니까?

  ▶ What do you **suggest** she **wear** to the wedding?

- 저는 당신이 그의 콘서트에 갈 것을 추천합니다.
  - ▶ I **recommend** (that) you **go** to his concert.

- 그녀는 우리에게 아프리카로 여행 갈 것을 추천했습니다.
  - ▶ She **recommended** we **take** a trip to Africa.

- 저는 그가 의사에게 진찰 받을 것을 고집했습니다.
  - ▶ I **insisted** (that) he **go** see a doctor.

- 그는 당신에게 내년에 다시 여기에 오라고 고집부렸습니까?
  - ▶ Did he **insist** you **come** here again next year?

- 그는 우리에게 곧 회의를 열어야 한다고 제안했습니다.
  - ▶ He **proposed** (that) we **have** a meeting soon.

- 그들은 우리에게 즉각 조치를 취해야 한다고 제안했습니다.
  - ▶ They **proposed** we **take** action immediately.

- 저는 당신들 모두에게 그가 집을 수리하는 것을 도와달라고 요청합니다.
  - ▶ I **demand** (that) you all **help** him fix the house.

- 그는 우리에게 그 회의에 가지 않을 것을 제안했습니다.
  - ▶ He **suggested** we **not be** there for the meeting.

- 저는 그에게 하이킹을 혼자 가지 않을 것을 추천했습니다.
  - ▶ I **recommended** he **not go** hiking alone.

- 그는 우리에게 그들의 제안을 수락하지 말 것을 고집했습니다.
  - ▶ He **insisted** we **not accept** their offer.

- 그들은 우리에게 다음주까지 떠나지 말라고 제안했습니다.
  - ▶ They **proposed** we **not leave** until next week.

- 우리는 그들에게 적에게 항복하지 말 것을 요구했습니다.
  - ▶ We **demanded** they **not surrender** to the enemy.

▶▶ Review — that절에서 항상 동사 원형을 쓰는 경우 ◀◀

1) It is important that you be in good health. ⇒ 117번

 * It is important / essential / necessary / critical / vital / imperative
 다음에 that 절이 올 경우

2) I suggested (that) he go. ⇒ 122번

 * suggest, recommend, insist, propose, demand 등 다음에 that 절이 올 경우

3) He gave an order that everything be ready by tomorrow.

 * '제안, 충고, 명령, 요구' 등의 명사 다음에 that 절이 올 경우 – order,
 suggestion, demand, command, advice, decision, request, recommendation
 등…….

※ 세 가지 경우 모두 should가 생략되어 동사의 원형이 온다고 이해하면 쉬
 울 것이다. 한편 세 번째의 경우 이 책에서는 다루지 않았으나 참고로 알
 아두면 유용하게 쓰일 것이다. (예: He gave me the advice that I work
 hard.)

123. 이제 당신이 일어나야 할 시간입니다.　　동사 과거형의 비과거 의미(1)

■ **It's time you got up.**

124. 저는 당신이 아무 말도 하지 않았으면 좋겠습니다.

동사 과거형의 비과거 의미(2)

■ **I would rather you said nothing.**

※ 'It's time to~'는 '~할 시간이다' 라는 의미로 'It's time that 주어 + 동사 과거형'으로 바꿔 쓸 수 있는데 이때 동사가 과거를 의미하지는 않는다. 마찬가지로 'I would rather 주어 + 동사 과거형'은 '~했으면 좋겠다' 는 의미로 과거를 뜻하지 않는다. 한편 'It's time that~'은 불평, 비판의 의미를 내포하기도 한다.

* 'It's time that + 과거'와 'I would rather + 과거'의 문장 패턴도 우리말 해석 시 아래 문장의 오른쪽처럼 이미 어떤 행동을 했어야 한다는 비난, 또는 이미 한 어떤 행동에 대한 비난과 같은 어감이라고 생각하면 이해하기 쉬울 것이다.

– 이제 당신이 <u>일어나야</u> 할 시간입니다. 〈 이제 당신이 <u>일어났어야</u> 하는 시간입니다.

– 저는 당신이 아무 말도 <u>하지 않으면</u> 좋겠습니다. 〈 저는 당신이 아무 말도 <u>하지 않았으면</u> 좋겠습니다.

예문 연습

● 이제 당신이 집에 와야 할 시간입니다.

▶ **It's time you came home.** (=*It's time to come home.*)

- 우리가 떠나야 할 시간입니다.

  ▶ **It's time** we **left**. (=*It's time for us to leave.*)

- 당신이 뭔가 할 시간입니다.

  ▶ **It's time** you **did** something.

  (=*It's time for you to do something.*)

- 당신이 어느 정도 진전을 보여야(보였어야) 할 시간입니다.

  ▶ **It's** (about) **time** you **showed** some progress.

- 약간의 변화가 있(었)어야 할 시간입니다.

  ▶ **It's time** some changes **were** made.

- 기차가 도착할(도착했어야 할) 시간입니다.

  ▶ **It's time** the train **arrived**.

- 제가 남들을 위해서가 아닌 제 자신을 위해 일해야 할 시간입니다.

  ▶ **It's time** I **worked** for myself, not for others.

- 우리가 뭔가를 하기 시작해야 할 시간입니다.

  ▶ **It's time** we **started** to do something.

- 당신이 당신의 미래에 대하여 생각해야 할 시간입니다.

  ▶ **It's time** you **thought** about your future.

- 정부가 어떤 행동을 취했어야 할 시간입니다.

  ▶ **It's time** the government **took** some actions.

- 저는 당신이 아무 것도 하지 않았으면 좋겠습니다.

  ▶ **I would rather** you **did** nothing.

- 저는 그가 자기 고향으로 돌아가 주었으면 좋겠습니다.

  ▶ **I would rather** he **went** back to his hometown.

- 저는 당신이 우리를 위해 뭔가 더 해줬으면 좋겠습니다.

  ▶ **I would rather** you **did** something more for us.

- 당신은 그가 제안을 받아들이지 않았으면 좋겠습니까?

  ▶ **Would you rather** he **didn't** accept the offer?

● 당신은 우리가 계획을 연기하는 게 좋겠습니까?

▶ **Would you rather** we **postponed** our plans?

● 저는 그들이 회의에 나타나지 않았으면 좋겠습니다.

▶ I **would rather** they **didn't** show up at the meeting.

● 그녀가 이 나라에 있지 않았으면 좋겠습니다.

▶ I **would rather** she **was** not in this country.

● 당신이 날 혼자 내버려 두었으면 좋겠습니다.

▶ I **would rather** you **left** me alone.

※ sure 용법 : 125. ~ 127.

125.

저는 그가 성공할 수 있을지 확신하지 못합니다.　　sure 용법(1)

■ I'm not **sure if** he will succeed.

126.

제가 왜 이걸 하고 있는지 알 수가 없습니다.　　sure 용법(2)

■ I'm not **sure why** I'm doing this.

127

당신은 확실히 성공할 것입니다.　　　　　　　　**sure 용법(3)**

■ You **are sure to** succeed.

> ※ sure의 용법 중에는 우선 91번에서 이미 간단히 살펴본 'if'나 'whether' 절을 이끌어 간접의문문을 나타내는 것이 있었으며, 그 외에 '～of/about something', '～that…', '～5W1H 절/구' 등이 있으며, 모두 '확신하는/틀림없는'의 의미를 나타낸다. 한편 'be sure to + 동사' 용법은 '틀림없이/반드시 ～하는'의 뜻을 나타낸다.

예문 연습

● 저는 그가 그것에 대해 기뻐할지 확신하지 못합니다.

▶ I**'m not sure if** (whether) he will be happy about it (or not).

● 그는 모든 사람을 만족시킬 수 있을지 확신하지 못합니다.

▶ He**'s not sure if** he could satisfy everyone.

● 저는 그녀가 그 일을 할 수 있을지 (없을지) 확신하지 못합니다.

▶ I**'m not sure if** she can do the job.

● 저는 그의 정직성을 확신합니다.

▶ I**'m sure of** his honesty. (=*I'm sure he is honest.*)

● 그는 항상 자신에게 확신이 있습니다(자신감이 있습니다).

▶ He **is** always **sure of** himself.

● 저는 그의 성공을 확신하지 못합니다.

▶ I**'m not sure of** his success.

● 저는 그 제품의 질에 대해선 확신하지 못합니다.

▶ I**'m not sure about** the quality of the product.

● 제가 확신하는 것은 그가 믿을 만하다는 것입니다.

▶ **What I'm sure about is** that he is trustworthy.

● 확실합니까? (당신은 확신하세요?) / 저는 확신합니다.

▶ **Are you sure**? / **I'm sure**.

● 저는 그가 성공할 것이라 확신합니다.

▶ **I'm sure** that he will succeed.

● 저는 그들이 언젠가 항복하리라 확신합니다.

▶ **I'm sure that** they will surrender someday.

● 그게 해야 할 옳은 일이라고 당신은 확신합니까?

▶ **Are you sure** that it's the right thing to do?

● 그는 그의 사무실에서 거기에 어떻게 가야 하는지 확실히 모릅니다.

▶ **He's not sure how** to get there from his office.

● 저는 이 문제에 대해 어디에 제 의견을 개진해야 할지 모릅니다.

▶ **I'm not sure where** to voice my opinion on this matter.

● 저는 그것을 제거하는 데 얼마나 오래 걸릴지 모릅니다.

▶ **I'm not sure how long** it will take to get rid of it.

● 저는 우리가 왜 그걸 연기해야 했는지 확신하지 못했습니다.

▶ **I wasn't sure why** we had to postpone it.

● 그는 자신이 우리에게 뭘 제공해줄 수 있는지 몰랐습니다.

▶ He **wasn't sure what** he could provide us with.

● 그는 확실히 늦을 것입니다.

▶ He **is sure to**(=*He is certain to*) be late.

● 그것은 틀림없이 성공할 것입니다.

▶ It **is sure to**(=*I'm sure it will*) be a success.

- 틀림없이 마감일에 맞추십시오.
  ▶ **Be sure to** meet the deadline.

128.

당신은 당신이 원하는 건 뭐든지 할 수 있습니다. **복합관계사**

■ You can do **whatever** you want.

※ whoever, whatever는 복합관계대명사, whenever, wherever, however는 복합관계부사라 하며, 이 모두를 통틀어 복합관계사라 한다. 각각 '누구든지, 무엇이든지, 언제든지, 어디든지, 도대체(어떻게)' 등을 의미한다.

또한 양보절을 이끌어 '누가 하든, 무엇을 하든, 언제 ～하든, 어디에서 ～하든, 아무리 ～하든'의 의미를 나타내며, 이때는 no matter who/what/when/where/how로 바꿔 써도 된다.

* however : 아무리 ～라도, 도대체 어떻게 해서 ～
* whoever의 소유격 whosever, 목적격 whomever의 사용에도 유의하자.

예문 연습

- 원하는 사람은 누구든 저와 같이 갈 수 있습니다.
  ▶ **Whoever wants** can come with me.

- 원하는 사람은 누구든 제 허락 없이 그것을 가져갈 수 있습니다.
  ▶ **Whoever wants** can take it without my permission.

- 당신이 좋아하는 사람은 누구든 같이 올 수 있습니다.
  - ▶ You can come with whomever you like.

- 당신이 원하는 건 뭐든지 좋습니다.
  - ▶ Whatever you want is OK (with me).

- 당신이 할 필요가 있는 것은 무엇이든지 하십시오.
  - ▶ Do whatever you need to do.

- 당신이 하고자 선택하는 것은 무엇이든 할 수 있습니다.
  - ▶ You can do whatever you choose to do.

- 제 아이가 좋아할 만한 것은 뭐든지 제가 가질 수 있습니까?
  - ▶ Can I have whatever my kid may like?

- 당신은 그걸 준비하기 위해 필요한 건 뭐든지 가져가도 됩니다.
  - ▶ You can take whatever you need to prepare for it.

- 당신이 언제 오든지 저는 좋습니다.
  - ▶ Whenever you come is fine with me.

- 당신은 가야 할 때라고 생각하는 때에 언제든 갈 수 있습니다.
  - ▶ You can go whenever you think you have to.

- 당신이 시간 날 땐 언제든지 저를 방문하러 오십시오.
  - ▶ Come visit me whenever you have time.

- 필요할 때는 언제든 제 것을 맘대로 사용하십시오.
  - ▶ Feel free to use mine whenever it's necessary.

- 당신은 그것이 필요한 곳이면 어디든 사용할 수 있습니다.
  - ▶ You can use it wherever it is needed.

- 당신이 가고 싶은 곳이라면 어디든 데려다 주겠습니다.
  - ▶ Let me take you to wherever you want to go.

- 당신은 도대체 어떻게 거기를 혼자 갔습니까?

  ▶ **However** did you go there alone?

- 당신은 도대체 어째서 그에게 한 마디도 안하는 거죠?

  ▶ **However** don't you say anything to him?

- 누가 원하든지 저는 이것을 아무에게도 주지 않을 겁니다.

  ▶ **Whoever wants**, I won't give this to anybody.

- 당신이 무엇을 하든, 어디를 가든 저는 바로 여기서 당신을 기다리고 있을 것입니다.

  ▶ **Whatever you do, Wherever you go**, I'll be right here waiting for you.

- 무슨 일이 일어나더라도 저는 항상 당신과 함께 있을 겁니다.

  ▶ **No matter what happens**(=*Whatever happens*), I will always be with you.

- 아무리 열심히 노력하더라도 당신은 성공할 수 없습니다.

  ▶ **No matter how hard**(=*However hard*) you try, you can't succeed.

- 그게 아무리 쉬울지라도 당신은 계속 공부해야 합니다.

  ▶ **No matter how easy** it may be, you should keep studying.

- 아무리 늦어도 확실히 파티에 오십시오.

  ▶ Be sure to come to the party **however you are late**.

- 당신이 얼마나 자주 제게 이야기하든 저는 마음을 바꾸지 않을 것입니다.

  ▶ I am not going to change my mind **no matter how often** you tell me to do so.

129. 물을 가열하면 (그것이) 끓습니다.

■ If you heat water, it boils.

※ '(변하지 않는) 진리, 특히 과학적인 사실, 또는 단순 사실' 등에 대해 서
술하는 가정법은 Zero Conditional이라고 하며, if절이나 주절 모두 현재
시제를 사용한다.

예문 연습

● 설탕을 가열하면 (그것이) 녹습니다.

▶ If you heat sugar, it melts.

● 버튼을 누르면 불이 켜집니다.

▶ If you press the button, the light comes on.

● 이 버스를 타면 수원으로 갑니다.

▶ If you take this bus, you go to Suwon.

● 식물들에게 물을 주지 않으면 죽습니다.

▶ If you don't water plants, they die.

● 4와 6을 더하면 10이 됩니다.

▶ If you add four and six, you get ten.

● 더 적게 먹고 더 많이 움직이면 체중이 감소합니다.

▶ If you eat less and move more, you lose
weight.

●저는 너무 늦게 잠자리에 들면 대개 다음날 아침은 무척 피곤합니다.

▶ **If** I **go** to bed too late, I usually **feel** very tired the next morning.

▶▶ Review — 가정법 (Conditional) ◀◀

❑ **1st Conditional** : 실현될 가능성이 있는 일에 대한 가정 (79번)
⇒ If it rains, I will stay home.

❑ **2nd Conditional** : 실현될 가능성이 없는 일에 대한 가정 (85번)
⇒ If I were a bird, I would fly to you.

❑ **3rd Conditional** : 과거 사실에 대한 가정 (108번)
⇒ If you had asked, I would have helped you.

❑ **Zero Conditional** : 진리, 과학적인 사실, 단순 사실 서술 (129번)
⇒ If you heat water, it boils.

130. 당신은 보면 볼수록 그를 더 좋아하게 될 것입니다.

the 비교급, the 비교급

■ **The more** you see, **the more** you'll like him.

※ 'the 비교급, the 비교급'은 '~할수록(일수록) … 하다'의 의미이다. 즉, 비례 비교를 통해 앞절과 뒷절의 정비례 관계를 나타내는 표현이다.

- ("얼마나 원하십니까?") "많으면 많을수록 좋습니다."
  - ▶ ("How much do you want?") "The more, the better."

- ("언제 그게 끝났으면 좋겠습니까?") "빠르면 빠를수록 좋습니다."
  - ▶ ("When do you want it done?") "The sooner, the better."

- 돈이 많으면 많을수록 좋습니다.
  - ▶ The more money, the better.

- 제가 그것에 대해 생각할수록 더 혼란스러워집니다.
  - ▶ The more I think about it, the more confused I get.

- 그는 술을 마실수록 더 수다스러워졌습니다.
  - ▶ The more he drank, the more talkative he became.

- 당신은 공부할수록 더 자신감을 느끼게 됩니다.
  - ▶ The more you study, the more confident you feel.

- 우리는 더 가질수록 더 많이 원합니다.
  - ▶ The more we have, the more we want.

- 당신은 더 운동할수록 덜 살찌게 될 것입니다.
  - ▶ The more you exercise, the less likely you get fat.

● 저는 들으면 들을수록 흥미가 더 떨어졌습니다.
▶ **The more** I heard, **the less interested** I became.

● 당신이 더 오래 기다릴수록 상황은 더 어려워질 것입니다. 당신은 지금 행동을 취해야 합니다.
▶ **The longer** you wait, **the more difficult** the situation will be. You should take action now.

● 우리는 돈을 더 벌수록 더 쓰게 됩니다.
▶ **The more money** we make, **the more** we spend.

● 우리는 많이 이야기할수록 더 많은 사실들을 찾았습니다.
▶ **The more** we talked, **the more facts** we found.

131.

저는 그것을 곧 끝낼 것입니다.　　　**get/have+목적어+과거분사 용법**

■ I'll **get it done** soon.

※ 'get(have) + 목적어 + 과거분사'는 문법적으로는 사역동사를 수동태로 표현한 형태라고 설명될 수 있으나, 문법적인 이해는 복잡할 수 있으므로 '~(목적어)이 … 되게(하게) 하다'라는 의미로 이해하고 충분한 예문을 통해 익히는 것이 바람직하다.

● 그는 그 일을 끝낼 것입니다.

▶ He will **get the work finished**.

● 저는 머리를 잘랐습니다.

▶ I **got my hair cut**.

● 언제 제 차가 수리될 수 있습니까?

▶ When can I **get my car repaired**?

● 저는 시계를 수리해야 합니다.

▶ I need to **get my watch mended**.

● 그는 팔이 (심하게) 부러졌습니다.

▶ He **got his arm** (badly) **broken**.

● 우리는 그걸 금요일까지 인쇄해서 출판해야 합니다.

▶ We need to **get it printed and published** by Friday.

● 그걸 복사하지 그러세요?

▶ Why don't you **get it photocopied**?

● 당신은 언제 마지막으로 구두를 닦았습니까?

▶ When did you last **have your shoes shined**?

● 저는 아마 새 양복을 맞춰야 할 것입니다.

▶ I'll probably have to **have a new suit made**.

● 저는 당신에게 곧 돈이 남지 않을 것이라고 생각합니다.

▶ I'm afraid you will soon **have no money left**.

- 저는 오늘 저희 집을 페인트칠하기로 되어 있습니다.

  ▶ I'm supposed to **have my house painted** today.

- 저는 이 건물을 뒤로하고(배경으로) 사진을 찍었습니다.

  ▶ I **had a picture taken** with this building behind me.

132.

그에게 전화해보지 그러세요?

Why not give him a call?

※ 'Why not~?'은 권유, 제안 등을 할 때 쓰는 표현인 'Why don't you ~?'(78번 참조)의 단축형이며, 'Why not' 다음에 바로 동사 원형을 쓴다. 아울러 'Why bother to(=~ing)~?'는 'Why do you bother to~?'의 단축형으로 '왜 귀찮게 ~해요?', '뭐하러 ~해요?'의 의미를 나타내는 유용한 표현이며, 이때도 바로 다음에 동사 원형을 쓴다.

예문 연습

- 한번 해 보시지 그러세요?

  ▶ **Why not** give it a try?

- 그에게 다시 물어보지 그러세요?

  ▶ **Why not** ask him again?

- 다음 달에 저를 방문하러 오시지 그러세요?

  ▶ **Why not** come visit me next month?

- 이 기회에 새 집을 사지 그러세요?
  - ▶ **Why not** take the chance to buy a new house?

- 거기서 무슨 일이 벌어지고 있는지 그에게 물어보지 그러세요?
  - ▶ **Why not** ask him what's going on there?

- 일 그만 하고 좀 쉬시는 게 어떻습니까?
  - ▶ **Why not** stop working and take some rest?

- 왜 귀찮게 물어보려고 그러십니까?
  - ▶ **Why bother to** ask? (=*Why bother asking?*)

- 왜 그걸 알려고 그러십니까?
  - ▶ **Why bother to** learn about it?

- 왜 귀찮게 전화하세요? 내일 그를 볼 텐데요.
  - ▶ **Why bother to** call? You'll see him tomorrow.

- 왜 거길 가려고 그러세요? 인터넷으로 주문할 수 있는데.
  - ▶ **Why bother to go** there? You can order on the Internet.

- 왜 그걸 사려고 하세요? 제 것을 사용하시면 됩니다.
  - ▶ **Why bother to** buy it? You can use mine.

133

제가 안 가면 어떻게 됩니까?　　**What if~? 용법**

■ **What if** I don't go?

※ 'What if~?'는 '~면 어쩌지?', '어떻게 될까?'의 뜻을 가진 표현으로, 'What will(would) happen if~?'의 단축형으로 많이 쓰이는 표현이다.

예문 연습

● 그가 늦으면 어떡하죠?

▶ **What if** he is late?

● 내일 비가 오면 어떡하죠?

▶ **What if** it rains tomorrow?

● 우리가 틀렸으면 어떡하죠?

▶ **What if** we were wrong?

● 그녀가 저를 보길 원하지 않으면 어떡하죠?

▶ **What if** she doesn't want to see me?

● 만약 당신이 늦게까지 일을 해야 한다면 어떡하죠?

▶ **What if** you have to work until late?

● 만일 그들이 우리와 더 이상 거래하고 싶지 않다면 어떡하죠?

▶ **What if** they don't want to do business with us any more?

● 그가 우리의 제안에 동의하지 않으면 어떡하죠?

▶ **What if** he doesn't agree to our proposal?

- 우리가 가진 돈을 전부 다 잃으면 어떡하죠?
  - ▶ **What if** we lose all the money we have?

- 우리가 시내를 돌아볼 시간이 없으면 어떡하죠?
  - ▶ **What if** we have no time to look around the city?

- 냉장고에 남은 음식이 없으면 어떡하죠?
  - ▶ **What if** there's no food left in the fridge?

- 가까운 미래에 전쟁이 나면 어떡하죠?
  - ▶ **What if** a war breaks out in the near future?

- 그들이 그 회사로부터 뇌물 받은 걸 부인하면 어떻게 됩니까?
  - ▶ **What if** they deny taking bribes from the company?

134.

어떻게 그가 그것을 알게 되었습니까?

How come~? 용법

■ **How come** he knew that?

※ 'How come~?'은 '왜~?/어째서~?/어떻게~?'를 의미하는 표현이며, 'How come' 다음에는 과거시제 뿐만 아니라 현재시제도 많이 쓰인다.
→ "How come you're here?"

- 당신은 어떻게 저를 보셨습니까?
  ▶ **How come** you saw me?

- 그는 어떻게 이 모든 사실을 알게 되었습니까?
  ▶ **How come** he learned all these facts?

- 그녀는 왜 오늘 아침 저렇게 마음이 상해 있죠?
  ▶ **How come** she is so upset this morning?

- 당신은 왜 무슨 일이든 제대로 하지 못합니까?
  ▶ **How come** you can't do anything right?

- 그녀는 왜 어젯밤 늦게 집에 왔습니까?
  ▶ **How come** she came home late last night?

- 당신은 어떻게 하다 여자 친구와 헤어졌습니까?
  ▶ **How come** you broke up with your girl friend?

- 그게 저였다는 걸 당신은 어떻게 아세요?
  ▶ **How come** you know it was me?

- 당신은 어떻게 짧은 기간 동안에 그 돈을 다 벌었습니까?
  ▶ **How come** you earned all that money in a short period of time?

- 제가 여기서 일해 왔다는 걸 어떻게 알아냈습니까?
  ▶ **How come** you found out that I've been working here?

● 그는 어째서 어제 회의에 참석하지 않았습니까?

▶ **How come** he didn't attend the meeting yesterday?

● 당신은 이번에 어떻게 해서 그렇게 긴 휴가를 얻었습니까?

▶ **How come** you have such a long vacation this time?

135.

저는 도움을 받고 있습니다.

■ **I'm being helped.**

※ '도움을 받는 중이다'와 같이 '~이 되(어지)고 있는' 상황, 즉 수동태의 진행형을 표현할 때는 'be being + 과거분사'의 형태로 나타낸다.

● "당신은 도움을 받고 있습니까?" / "도움을 받고 있습니다."

▶ "**Are** you **being served**?" / "I'm **being served**."

● 모든 것이 적절하게 처리되고 있습니다.

▶ Everything **is being handled** properly.

● 아기는 제 어머니에 의해 보살핌을 받고 있습니다.

▶ The baby **is being cared for**(=*is being taken care of*) by my mother.

- 제 차는 아직도 정비소에서 수리 중입니다.
  - ▶ My car **is** still **being repaired** in the garage.

- 환자들은 병원에서 치료를 받고 있습니다.
  - ▶ The patients **are being treated** in the hospital.

- 그의 차는 견인되고 있습니다.
  - ▶ His car **is being towed**.

- 그는 자신이 감시당하고 있다는 걸 몰랐습니다.
  - ▶ He didn't know he **was being watched**.

- 또 다른 건물이 이 근처에 지어지고 있습니다.
  - ▶ Another building **is being built** near here.

- 음식이 준비되거나 서빙되고 있는 곳에서는 금연.
  - ▶ No smoking where food **is being prepared or served**.

- 저 식당은 제 친구 중 한 명에 의해 경영되고 있습니다.
  - ▶ That restaurant **is being run** by one of my friends.

- 그 기계는 순조롭게 작동되고 있습니다.
  - ▶ The machine **is being operated** smoothly.

- 그 프로젝트는 전문가들에 의해 철저하게 연구되고 있습니다.
  - ▶ The project **is being thoroughly studied** by experts.

136.

늦어서 죄송합니다.

■ I'm sorry **for being** late.

> ※ 'being'은 예문에서 보듯이 진행형에서뿐만 아니라 전치사의 목적어로도 많이 쓰이고 있다. 아울러 'be being + 형용사'는 'be + 형용사'에 비해 행동의 의미가 강하다고 할 수 있다. 즉, 'She was nice'에 being을 넣으면(She was being nice) 친절하게 '행동했다/대했다'는 행동의 의미가 강하다고 할 수 있다.

예문 연습

● 저는 늦은 것에 대해 상사에게 사과하였습니다.

▶ I apologized to my boss **for being late**.

● 그는 파면되는 대신 승진을 하였습니다.

▶ He got a promotion **instead of being fired**.

● 그는 비판을 받았음에도 불구하고 그것에 대해 보상을 받았습니다.

▶ **Despite being criticized**, he got rewarded for it.

● 그는 일전에 무례했던 것에 대해 제게 사과했습니다.

▶ He apologized to me **for being rude** the other day.

● 제게 친절하게 대해 주신 것에 대해 매우 감사합니다.

▶ Thank you so much **for being kind** to me.

● 그것은 부유한 것에 대한 문제가 아닙니다. 행복에 관한 것입니다.

▶ It's not **about being rich**. It's **about being happy**.

- 그는 바보같이 행동하고 있습니다.

  ▶ He **is being foolish**.　　　　(cf. He is foolish: 그는 바보스럽다)

- 그녀는 파티에서 우리에게 친절하게 행동하지 않았습니다.

  ▶ She **wasn't being kind** to us during the party.

- 모두가 우리에게 친절하게 대해줬습니다.

  ▶ Everyone **was being nice** to us.

- 저는 그가 유치했었다고 생각합니다.

  ▶ I think he **was being childish**.

- 그들은 당신의 성공을 시샘하였습니다.

  ▶ They **were being jealous** of your success.

137.

그걸 하는 건 쉬운 것 같습니다.　　　　**It seems~to··· 용법**

■ **It seems** easy **to** do that.

※ 'It seems easy to do'는 'It seems to be easy to do'에서 'to be'가 생략된 것이며(95번 참조), 'It is easy to do(35번 가주어 참조)'보다는 덜 단정적인 의미를 나타내는 표현으로 자주 쓰인다. seem 대신 look, appear를 써도 동일한 의미를 나타낸다.

- 그런 식으로 이해하는 게 더 쉬운 것 같습니다.
  ▶ **It seems easier to** understand that way.

- 그걸 조작하는 게 전보다 더 어려워 보입니다.
  ▶ **It seems more difficult to** operate it than be-fore.

- 그들에게 더 친근하게 대하는 게 좋을 것 같았습니다.
  ▶ **It seemed good to** be more friendly to them.

- 그의 명령에 복종하는 게 합리적인 것 같지 않습니다.
  ▶ **It doesn't seem reasonable to** obey his order.

- 저 길 보다는 이 길로 가는 게 더 안전한 것 같습니다.
  ▶ **It seems safer to** go this way than that way.

- 밤에 혼자 걷는 게 위험해 보였습니다.
  ▶ **It seemed dangerous to** walk alone at night.

- 가까운 장래에 다시 (그 일이) 일어날 것 같습니다.
  ▶ **It seems likely to** happen again in the near future.

- 그 역사에 대해 배우는 것이 흥미로워 보였습니다.
  ▶ **It seemed interesting to** learn about its history.

- 정원에서 시간을 보내는 게 근사해 보였습니다.
  ▶ **It looked nice to** spend some time in the gar-den.

● 그들 앞에서 그렇게 행동하는 것은 나쁜 것 같습니다.

▶ **It looks bad to** behave like that in front of them.

● 환불을 요구하는 게 불합리한 것처럼 보입니다.

▶ **It appears unreasonable to** ask for a refund.

● 그와 의논하는 게 불필요한 것 같이 보였습니다.

▶ **It appeared unnecessary to** have a talk with him.

Part. 3

Review

이 장에서는 앞에서 다루었던 137개 핵심 문장 중 다소 어렵거나 일상 회화에서 자주 쓰인다고 판단되는 주요 용법별로 예문 연습을 추가하였으며, 시제나 조동사와 같이 종합적인 연습이 추가적으로 필요하다고 판단되는 부분에 대해서는 종합 Review가 가능하도록 구성하였습니다.

추가 예문 및 review도 무조건 암기하기보다는 독자 스스로 먼저 만들어 보는 노력이 필요하며, 이를 통해 더욱 유창한 회화가 가능할 것입니다.

---

want to 5W1H 의문문 ⇒ 8) What do you want to do?

- 당신은 저녁 먹으러 어디로 가고 싶습니까?
  - ▶ **Where do** you **want to** go for dinner?

- 당신은 뭘 제안하고 싶었습니까?
  - ▶ **What did** you **want to** suggest?

- 그는 왜 저를 만나고 싶어 했습니까?
  - ▶ **Why did** he **want to** see me?

- 그들은 어느 호텔에 묵고 싶어 했습니까?
  - ▶ **Which** hotel **did** they **want to** stay at?

- 당신은 부모님께 뭘 사드리고 싶으세요?
  - ▶ **What do** you **want to** buy your parents?

- 그가 정확히 뭘 말하고 싶어 했습니까?
  - ▶ **What** exactly **did** he **want to** say?

- 당신은 언제 떠나고 싶으세요? 당신은 지금 결정해야 합니다.
  - ▶ **When do** you **want to** leave? You have to decide now.

---

have to 5W1H 의문문 ⇒ 12) What do you have to buy?

- 당신은 그걸 제게 했어야 했습니까?
  - ▶ **Did** you **have to** do that to me?

- 그녀는 언제 집세를 내야 합니까?
  - ▶ **When does** she **have to** pay the rent?

- 제가 전화했을 때 당신은 무엇을 했어야 했습니까?
  - ▶ **What did** you **have to** do when I called?

- 당신의 아버지는 그때 어디서 일하셔야 했습니까?
  - ▶ **Where did** your father **have to** work then?

- 그는 왜 당신한테 돈을 빌려야 했습니까?
  - ▶ **Why did** he **have to** borrow money from you?

- 그는 먼저 무엇을 해야 합니까?
  - ▶ **What does** he **have to** do first?

- 그를 찾기 위해 당신은 어디로 가야 했습니까?
  - ▶ **Where did** you **have to** go (to) find him?

미래(1) – be going to ⇒ 13) I'm going to stay home.

- 저는 다음 주에 싱가포르로 출장을 갈 것입니다.
  - ▶ **I'm going to** take a business trip to Singapore next week.

- 저는 겨울방학 동안 중국어를 배울 것입니다.
  - ▶ **I'm going to** learn Chinese during the winter vacation.

- 그는 차를 살 것입니다.　　　　← (말하는 사람이 거의 확실히 알고 있을 때)
  - ▶ He's **going to** buy a car.　　(or I heard~, I know~, I think~)

- 그녀는 휴가를 떠나지 않을 것입니다.
  - ▶ She's **not going to** go on a vacation.

- 금방 비가 올 것 같습니다.　　　　← (가능성이 높다고 판단될 때)
  - ▶ I think it's **going to** rain soon.

- 상황이 악화될 것입니다.
  - ▶ The situation **is going to** get worse.

- "우리 어디서 만날까요?"
  - ▶ "Where shall we meet?"

  "로비에서 뵙겠습니다."
  - ▶ "**I will** see you in the lobby."

- "언제 제가 결과를 알 수 있습니까?"
  - ▶ "When can I know the result?"

  "가능한 한 빨리 당신께 알려드리겠습니다."
  - ▶ "**I will** let you know as soon as possible."

- "저는 뭘 해야 할지 모르겠습니다."
  - ▶ "I don't know what to do."

  "제가 그걸 어떻게 하는지 보여드리겠습니다."
  - ▶ "**I will** show you how to do it."

- 그녀가 오면 그녀는 당신을 보고 놀랄 것입니다.
  - ▶ She'll be surprised to see you if she comes.

- 저는 그가 이번에는 시험에 합격할 것이라고 생각지 않습니다.
  - ▶ I don't think he **will** pass the exam this time.

- 그것으로부터 빠져 나오세요. 그렇지 않으면 곤경에 빠질 것입니다.
  - ▶ Stay out of it, or you'll be in trouble.

- 저는 언젠가 당신의 도움이 필요할지도 모르겠습니다.
  - ▶ I'll **probably** need your help someday.

● "서울을 방문하면 어디에 머무르실 겁니까?"
▶ "**Where are** you **staying** when you visit Seoul?"

"제 친구 집에 머무를 겁니다."
▶ "**I'm staying** at my friend's house."

● "그녀는 내일 몇 시에 떠납니까?"
▶ "**What time is** she **leaving** tomorrow?"

"11시요. 저는 공항에서 그녀를 배웅할 겁니다."
▶ "At 11:00. **I'm seeing** her off at the airport."

● "일요일 밤에 당신은 무엇을 할 겁니까?"
▶ "**What are** you **doing** Sunday night?"

"저는 영화를 보러 갈 겁니다."
▶ "**I'm going** to the movies."

"누구랑 같이 가십니까?"
▶ "**Who are** you **going** with?"

"저는 가장 친한 친구 중 한 명과 갈 겁니다."
▶ "**I'm going** with one of my best friends."

have something to~ 용법 ⇒ 34) I have something to do.

● 그는 살 것이 없었습니다.
▶ He **didn't have anything to** buy.

● 그들은 파티를 준비할 시간이 없었습니다.
▶ They **didn't have time to** prepare for the party.

● 제게 빌려줄 돈 좀 있습니까?
▶ Do you **have some money to** lend me?

● 당신은 이것을 도와줄 시간이 충분히 있지 않습니까?
  ▶ Don't you **have enough time to** help me with this?

● 우리는 그것을 처리할 전문가들이 충분히 없습니다.
  ▶ We don't **have enough experts to** deal with it.

● 당신은 처리해야 할 것이 많았습니까?
  ▶ Did you **have a lot of things to** take care of?

● 저는 당신에게 둘러볼 시간이 충분히 있는 것 같다고 짐작합니다.
  ▶ I guess you **have enough time to** look around.

● 그게 저와 무슨 관련이라도 있습니까?
  ▶ Does it **have something to** do with me?

  *have something to do with   ~와 관련이 있다.

● 그것은 주제와 관련이 없습니다.
  ▶ It **has nothing to do with** the topic.

가주어 it − It is ~ to···   ⇒   35) It is difficult to study English.

● 공부하는 것은 중요합니다.
  ▶ **It is important to** study.

● 누구에게나 공부하는 것은 중요합니다.
  ▶ **It is important for** anybody **to** study.

● 우리에게 계속 배우는 것은 필수적입니다.
  ▶ **It is essential for** us **to** keep learning.

● 규칙적인 운동으로 지방을 태우는 것이 필요합니다.
  ▶ **It is vital to** burn fat by exercising regularly.

● 그것에 좀 더 관심을 갖는 게 좋습니다.
  ▶ **It is good to** pay more attention to it.

● 조용히 있는 게 더 나을 것입니다.
  ▶ **It would be better to** keep silent.

- 당신은 더 적은 노력으로 그걸 하는 게 꽤 쉽다는 걸 알게 될 것입니다.
  - ▶ You'll **find it** pretty **easy to** do it with less efforts.

- 당신이 그걸 모두 혼자 힘으로만 했다는 게 믿기 어렵습니다.
  - ▶ I **find it hard to** believe that you did it all by yourself.

- 그는 다른 사람들을 따라잡는 게 어렵다는 걸 알았습니다.
  - ▶ He **found it hard to** catch up with others.

- 그는 뭘 해야 할지 지시받는 게 스트레스 받는 일이란 걸 알았습니다.
  - ▶ He **found it stressful to** be told what to do.

- 저는 말하는 도중 자주 방해받는 게 성가시다는 걸 알았습니다.
  - ▶ I **found it annoying to** be frequently interrupted.

- 몇 시에 회의가 시작됩니까?
  - ▶ What time **does** the meeting start?

- 회의는 2시에 시작합니다.
  - ▶ The meeting **starts** at 2.

- 버스는 2시간 안에 도착합니다.
  - ▶ The bus **arrives** in 2 hours.

- 수업은 6시에 끝납니다.
  - ▶ The class **ends** at 6.

- 영화는 오후 9시에 시작합니다.
  - ▶ The movie **begins** at 9 p.m.

- 몇 시에 비행기가 도착합니까?
  - ▶ What time **does** the plane arrive?

●그는 다음 주 월요일에 새로운 일을 시작합니다.

▶ He **starts** his new job next Monday.

●그 가게는 내일 개업합니다.

▶ The store **opens** (for business) tomorrow.

●당신은 금요일에 몇 시에 퇴근합니까?

▶ What time **do** you get off of work on Friday?

forget to~ 용법　　⇒　38) I forgot to call you.
forget ~ing 용법　　⇒　39) I forgot calling you last week.

●당신은 그에게 이메일 보내는 걸 잊었습니까?

▶ **Did** you **forget to** email him?

●그는 계약을 갱신해야 하는 걸 기억하지 못했습니다.

▶ He **didn't remember to** renew the contract.

●그는 몇 달 전에 제게 그 돈을 빌려준 걸 까맣게 잊었습니다.

▶ He totally **forgot lending** me the money a few months ago.

●그녀는 제게 그 이야기를 했다는 걸 기억하지 못했습니다.

▶ She **didn't remember telling** me the story.

●그들은 규칙을 어긴 것을 후회하는 것 같지 않았습니다.

▶ They didn't seem to **regret violating** the rule.

●저는 이 기계를 어떻게 작동하는지 잊었습니다.

▶ I **forgot how to** operate this machine.

●당신은 이 문제를 푸는 방법을 기억합니까?

▶ Do you **remember how to** solve this problem?

used to 용법, 의문문 ⇒ 40) I used to drink a lot.

⇒ 41) Did you use to exercise everyday?

- 당신 부인은 매일 조깅하곤 했습니까?
  - ▶ **Did** your wife **use to** jog everyday?

- 저는 부모님께 말대꾸를 하곤 했습니다.
  - ▶ I **used to** talk back to my parents.

- 우리는 (사이가) 매우 가까웠습니다.
  - ▶ We **used to** be very close.

- 그녀는 종종 제 사무실에 오곤 했습니다.
  - ▶ She often **used to** come to my office.

- 저는 독서하기 위해 자주 밤을 새곤 했습니다.
  - ▶ I frequently **used to** stay up all night to read.

- 제 기억력은 좋았었습니다.
  - ▶ My memory **used to be good.**

- 그는 그것에 관해 알았었습니다만, (이젠) 잊어버렸습니다.
  - ▶ He **used to know** about it, but he forgot.

- 당신은 많은 사람들 앞에서 나를 당황스럽게 하곤 했습니다.
  - ▶ You **used to** embarrass me in front of many people.

How 용법 ⇒ 42) How is your father?

- 그가 어떻게 지내고 있는지 저는 모릅니다.
  - ▶ I don't know **how** he **is doing.**

- 그녀가 어떻게 지내고 있는지 아세요?
  - ▶ Do you know **how** she **is doing**?

- 당신의 해외여행이 어땠는지 듣고 싶습니다.
  - ▶ I want to hear **how** your overseas trip **was.**

● 저는 그 사람의 사업이 어떻게 되어 가는지 궁금합니다.

▶ I wonder **how** his business **is going on**.

● 당신의 다이어트는 어떻게 되어 가고 있습니까?

▶ **How are you doing with** your diet?

● 당신 영어(공부)는 어떻게(잘) 진행되고 있습니까?

▶ **How are you coming**(=*getting*) **along with** your English?

look 용법 ⇒ 43) You look tired.

● 그들은 그것에 대해 매우 만족한 듯 보였습니다.

▶ They **looked** really **happy** about it.

● 그것은(그는) 어떻게(무엇처럼) 생겼습니까?

▶ What does it(=*he*) **look like**?

● 그것은 단(신 / 매운 / 짠 / 쓴) 맛이 납니다.

▶ It **tastes sweet**(sour / spicy / salty / bitter).

● 그것은 고기 같은 맛이 납니다.

▶ It **tastes like** meat.

● 그는 매우 지적인 사람처럼 들립니다.

▶ I think he **sounds** very **intelligent**.

● 그것은 옳게 들리지 않습니다(틀린 말 같습니다).

▶ That **doesn't sound right**.

● 그의 제안은 좋은 기회처럼 들렸습니다.

▶ His offer **sounded like** a wonderful opportunity.

의문사구 ⇒ 46) I don't know what to say.

● 그는 제게 어디에 주차해야 하는지 보여줬습니다.

▶ He showed me **where to park**.

● 그들은 젊은 사람들에게 무엇을 가르쳐야 하는지 몰랐습니다.
  ▶ They didn't know **what to teach** young people.

● 그들은 우리에게 수영하는 법을 가르치지 않았습니다.
  ▶ They didn't teach us **how to swim**.

● 제가 이 문제를 어떻게 푸는지 가르쳐드리겠습니다.
  ▶ I will teach you **how to solve** this problem.

● 그녀는 그를 만나려면 어디로 가야하는지 내게 말하지 않았습니다.
  ▶ She didn't tell me **where to go** to see him.

● 어떻게 역으로 가는지 제게 말해주시겠습니까?
  ▶ Would you tell me **how to get to** the station?

● 그는 그것을 사야 할지 말아야 할지 몰랐습니다.
  ▶ He didn't know **whether to buy** it or not.

의문사절 (1) – 목적어 역할 ⇒ 47) I don't know what you're talking about.

● 저는 사랑이 무엇인지 알고 싶습니다.
  ▶ I want to know **what love is**.

● 당신은 당신이 누구인지 그에게 말해야 합니다.
  ▶ You should tell him **who you are**.

● 어떻게 그가 그걸 해낼 수 있었는지 저는 알 수 없습니다.
  ▶ I have no idea **how he managed to do it**.

● 어디서 그걸 살 수 있는지 제가 알려 드리겠습니다.
  ▶ I'll let you know **where you can get**(=*buy*) **one**.

● 저는 그가 어디에서 전화를 걸고 있는지 물었습니다.
  ▶ I asked him **where he was calling from**.

● 그는 어디에 술집을 개업하는지 당신에게 말했습니까?
  ▶ Did he tell you **where he's going to open a bar**?

● 우리가 왜 인터넷에서 주문해야 하는지 말해 드리겠습니다.

▶ I'll tell you **why we should order on the Internet.**

● 그는 그 계약에 서명했는지 안했는지에 대해 말하지 않았습니다.

▶ He said nothing about **whether he signed the contract or not.**

● 그는 자동차를 가져본 적이 없습니다.

▶ He **has never had** a car.

● 당신은 미국에 가본 적이 있습니까?

▶ **Have you ever been** to America?

● 당신은 그 편지를 부쳤습니까?

▶ **Have you mailed** the letter?

● 저는 그 편지를 아직 안 받았습니다.

▶ I **haven't received** the letter yet.

● 그녀는 금년에 아직 휴가를 가지 않았습니다.

▶ She **hasn't had** a vacation this year yet.

● 당신은 이번 달에 외식을 몇 번 하였습니까?

▶ **How many times have you eaten out** this month?

● "당신 남편은 뭘 하고 있습니까?"

▶ "What **is your husband doing?**"

"그는 하루 종일 TV를 보고 있습니다."

▶ "He's **been watching** TV all day."

- "당신은 얼마나 오랫동안 그를 기다리고 있습니까?"
  - ▶ "How long **have you been waiting** for him?"

  "저는 한 시간 이상 기다리고 있습니다."
  - ▶ "**I've been waiting** for more than one hour."

- 지금은 비가 오지 않지만, 비가 내렸었습니다.
  - ▶ It's **not raining** now, but it **has been raining**.

- 그는 계속 보험회사 일 자리를 찾아 왔습니다.
  - ▶ He's **been looking** for a job at an insurance company.

- 저는 당신을 오랫동안 보고 싶어 해 왔습니다.
  - ▶ **I've been wanting** to see you for a long time.

수여동사 ⇒ 53) Give me that! *or* Give that to me!

- 그는 제게 그걸 사라고 5만 원을 주었습니다.
  - ▶ He **gave me 50,000 won** to buy it.

- 그는 내가 원했던 CD를 사줬습니다.
  - ▶ He **bought me the CD** I wanted.

- 당신은 부모님께 뭘 사드릴 것입니까?
  - ▶ **What** are you going to **buy your parents**?

- 제가 당신에게 얼마나 지불해야 합니까?
  - ▶ **How much** should I **pay you**?

- 우리는 당신에게 매니저 자리를 제공하고 싶습니다.
  - ▶ We'd like to **offer you a position** as a manager.

- 제게 역으로 가는 길을 가르쳐 주시겠습니까?
  - ▶ Would you **show me the way** to the station?

- 제게 'Hello'를 한국말로 어떻게 하는지 알려 주시겠습니까?
  - ▶ Will you **teach me how to say** 'Hello' in Korean?

● 제가 관심 있는 것은 그녀가 날 사랑하느냐 않느냐입니다.
  ▶ **What concerns me** is whether she loves me or not.

● 설상가상으로 우리는 돈이 떨어져 가고 있습니다.
  ▶ **What is worse** is we're running out of money.

● 제가 그 무엇보다도 더 원하는 것은 당신의 사랑입니다.
  ▶ **What I want more than anything else** is your love.

● 우리가 실제로 하는 것은 상품을 파는 게 아닙니다.
  ▶ **What we actually do** is not selling products.

● 제가 정말로 믿는 것은 당신이 조만간 사업에 성공할 것이라는 겁니다.
  ▶ **What I really believe** is that you will secceed in your business
     soon.

● 그게 의미하는 것은 우리가 계획을 보류해야 한다는 것이었습니다.
  ▶ **What it meant** was that we had to delay our plans.

● 정말로 중요한 것은 그들은 항상 당신에게 관심을 가진다는 것입니다.
  ▶ **What's really important** is they always care about you.

종속접속사 ⇒ 59) Ask me when you have questions.
(when, after ⇒ 60) I will have lunch after I finish the work.
as soon as ⇒ 61) I will call you as soon as I get there.
before, while) ⇒ 62) I fell asleep while (I was) watching the movie.

● 그가 오면 당신에게 그 이야기를 말해 드리겠습니다.
  ▶ I will tell you the story **when** he **comes**.

● 그는 학교 다닐 때 수학을 잘하였습니다.
  ▶ He was good at math **when** he **was** in school.

● 제가 집에 도착하자마자 전화가 울렸습니다.
  ▶ The phone rang **as soon as** I **arrived** home.

● 책을 읽고 난 후에 확실히 반납하십시오.
> ▶ Be sure to return the book **after** you **read** it.

● 그는 군 복무 후에 대학교로 돌아갔습니다.
> ▶ He went back to college **after serving**(=*after he served*) in
> the military.

● 저는 그 소식을 듣기 전에는 매우 우울했었습니다.
> ▶ I was so depressed **before** I **heard** the news.

● 저는 결혼하기 전에 돈을 더 벌고 싶습니다.
> ▶ I want to make more money **before getting** married(=*before
> I get married*).

● 그는 공부하다가 잠들어 버렸습니다.
> ▶ He fell asleep **while** (he was) **studying**.

● 저는 런던에 있는 동안 많은 곳을 둘러보았습니다.
> ▶ I looked around many places **while** I **was** in London.

과거완료 ⇒ 63) I knew you had been rich.

● 그는 그 상황에 어떻게 대처했었는지 잊어버렸습니다.
> ▶ He **forgot** how he **had dealt** with the situation.

● 그는 마침내 그녀가 그에게 얼마나 잘 대해 줬는지 알았습니다.
> ▶ He finally **realized** how good she **had been** to him.

● 그는 제게 했던 것에 대해 사과하였습니다.
> ▶ He **apologized** to me for what he **had done** to me.

● 그녀는 자신이 해 왔던 말과 다르게 말하였습니다.
> ▶ She **said** differently from what she **had been saying**.

● 그는 자신이 자라 왔던 마을을 떠났습니다.
> ▶ He **left** the town where he **had grown up**.

● 저는 서둘러 식당으로 갔으나 그들은 저녁 식사를 끝냈습니다.
> ▶ I **hurried** to the restaurant, but they **had finished** dinner.

● 저는 제가 꿈꿔 왔던 것을 실현할 수 있었습니다.
  ▶ I **was** able to realize what I **had been dreaming** about.

● 그는 숨기려고 애썼던 것을 결국 다 이야기하고 말았습니다.
  ▶ He **ended** up telling everything he **had been trying** to hide.

look like 용법   ⇒ 68) It looks like it's going to rain.
sound like 용법 ⇒ 69) You sound like you have a cold.

● 그는 전혀 이해하지 못하는 것처럼 보였습니다.
  ▶ He **looked like** he couldn't understand at all.

● 당신은 전혀 변하지 않은 것처럼 보입니다.
  ▶ You **look like** you haven't changed at all.

● 우리는 회의에 참석하지 못할 것 같아 보입니다.
  ▶ **It looks like** we'll not be able to attend the meeting.

● 그들은 큰 실수를 한 것 같이 보였습니다.
  ▶ **It looked like**(=*They looked*) they made a big mistake.

● 그들은 파티에서 즐거운 시간을 보내고 있는 것 같이 들립니다.
  ▶ **It sounds like** they're having fun at the party.

● 당신은 어려운 상황에 처해 있는 것 같이 들립니다.
  ▶ You **sound like** you're in a difficult situation.

● 저는 우리가 오랫동안 친구였던 것처럼 느낍니다.
  ▶ I **feel like** we have been friends for a long time.

There is(are) ~ to… 용법 ⇒ 70) There is nothing to do.

● 즐길 수 있는 좋은 것들이 그토록 많습니다.
  ▶ **There are so many wonderful things to** enjoy.

●우리 시스템에는 바꿔야 할 것들이 많지 않습니다.

▶ **There are not many things to** change in our system.

●당신의 미래를 예언할 방법은 없습니다.

▶ **There is no way to** predict your future.

●그 일정을 연기할 수 있는 방법이 없다고 생각합니다.

▶ I'm afraid **there is no way to** delay the schedule.

●경제를 되살릴 가능성은 없습니다.

▶ **There is no chance to** revive the economy.

●그것에 관해 설명할 기회가 없었습니다.

▶ **There was no chance to** explain about it.

●당신이 기다려 왔던 출세할 수 있는 기회가 있을 수도 있습니다.

▶ **There may be a chance to** get ahead you've been waiting for.

---

be supposed to~ 용법　⇒　71) I'm supposed to leave next month.
　　　　　　　　　　　　⇒　72) What are you supposed to do tomor-
　　　　　　　　　　　　　　　row?

●제가 어떻게 그 내막들을 알겠습니까?

▶ **How am I supposed to** know the inside facts?

●당신 없이 어떻게 제가 살아갈 수 있습니까?

▶ **How am I supposed to** live without you?

●당신은 콘서트를 보기 위해선 표를 사야합니다.

▶ **You're supposed to** buy a ticket to see the concert.

●그것은 원래 나야 하는 소리가 나지 않습니다.

▶ It doesn't sound like **it's supposed to**.

●그것은 무엇을 의미하는 것입니까?

▶ **What is that supposed to** mean?

●그는 지금 여기에 있어서는 안 됩니다. (여기에 있기로 되어 있지 않습니다.)

▶ **He's not supposed to** be here now.

- 그것은 그가 매니저로서 하기로 되어 있는 일입니다.
  - ▶ That is what he **is supposed to** do as a manager.

가정법 ⇒ 79) If it rains, I will stay home. (1st)

⇒ 85) If I were a bird, I would fly to you. (2nd)

⇒ 108) If you had asked, I would have helped you. (3rd)

⇒ 129) If you heat water, it boils. (zero)

- 교통체증이 없다면 저는 틀림없이 올 것입니다. (1st)
  - ▶ I **will** certainly come **if** there**'s** no traffic jam.

- 그가 내일 시간이 있으면 아마 여기에 올 것입니다.
  - ▶ He **will** probably be here **if** he **is** free tomorrow.

- 당신과 결혼하면 당신은 어떻게 저를 행복하게 할 겁니까?
  - ▶ **If** I **marry** you, how **will** you make me happy?

- 제 열쇠를 어딘가에서 찾게 되면 제게 알려주시겠습니까?
  - ▶ **Will** you tell me **if** you **find** my keys somewhere?

- 당신이 여기에 다시 오면 반드시 제게 연락하십시오.
  - ▶ If you **come** here again, **be** sure to call me.

- 당신이 길을 잃게 되면 제게 바로 전화하십시오.
  - ▶ If you **get** lost, **call** me right away.

- 당신이 바쁘지 않다면 원하는 건 뭐든지 할 수 있습니다.
  - ▶ If you**'re not** busy, you **can** do whatever you want.

- 열심히 노력하면 당신이 원하는 누구든지 될 수 있습니다.
  - ▶ If you **try** hard, you **can** be anyone you want (to be).

- 그가 내 아들이라면 저는 그에게 규율을 가르칠 겁니다. (2nd)
  - ▶ **If** he **were** my son, I **would** discipline him.

- 제가 돈을 많이 번다면 일찍 은퇴할 것입니다.
  - ▶ **If** I **made** a lot of money, I **would** retire early.

- 당신에게 충분한 힘이 있다면 어떻게 대응하겠습니까?
    ▶ If you **had** enough power, how **would** you react?

- 당신이 대통령이라면 당신은 경제 위기에 어떻게 대응하시겠습니까?
    ▶ If you **were** the president, how **would** you cope with the economic crisis?

- 제가 당신과 결혼했다면 우리 둘 다 행복했을 것입니다. (3rd)
    ▶ If I **had married** you, we both **would have been** happy.

- 제가 잔돈이 좀 있었다면 전화했을 것입니다.
    ▶ If I **had had** some changes, I **would have rung**.

- 그가 제게 돈을 빌려주지 않았다면 그걸 사지 못했을 겁니다.
    ▶ If he **hadn't lent** me money, I **couldn't have bought** it.

- 그게 우리였다는 걸 그가 알았다면 그는 기다렸을지도 모릅니다.
    ▶ If he **had known** it was us, he **might have waited**.

- 산소가 없으면 불은 꺼진다. (zero)
    ▶ If there **is** no oxygen, a fire **goes** out.

조동사 + have p.p ⇒ 87) You should have come eariler.

    ⇒ 88) He must have known the fact.

    ⇒ 89) At least, you could have told me.

    ⇒ 90) He may have gone to the party.

- 저는 런던에 있는 동안 파리에 가 봤어야 했습니다.
    ▶ I **should have gone** to Paris while I was in London.

- 당신은 인도 음식을 먹어 보지 못한 게 틀림없습니다.
    ▶ You **must not have tried** Indian food.

- 그녀는 제시각에 일을 끝낼 수도 있었습니다.
    ▶ She **could have finished** her work on time.

- 우리는 폭풍우 속에서 더 이상 걸을 수도 없었을 겁니다.
    ▶ We **couldn't have walked** more in the storm.

- 그녀는 결혼식에 가지 않았을 수도 있습니다.
  - ▶ She **may not have**(=*might not have*) **gone** to the wedding.

- 그들은 그 편지를 받지 않았을 수도 있습니다.
  - ▶ They **may not have received** the letter.

- 그 드레스를 입은 그녀는 정말 아름다웠습니다. 당신은 그녀를 봤어야 합니다.
  - ▶ She was so beautiful in that dress. You **should have seen** her.

- 오늘 아침에 문이 열려 있었습니다. 어젯밤 누군가 여기 있었던 게 틀림없습니다.
  - ▶ The door was open this morning. Somebody **must have been** here last night.

- 솔직히 그때 제가 돈이 좀 있었습니다. 저는 그를 도울 수도 있었습니다.
  - ▶ To be honest, I had some money then. I **could have helped** him.

- 그 사람 이름이 제게는 친숙하게 들립니다. 저는 전에 어디서 그를 봤을 수도 있습니다.
  - ▶ His name sounds familiar to me. I **might have seen him** somewhere before.

- 그는 1주일 전에 팔이 부러졌습니다. 저는 그가 어제 그 경기를 할 수 없었을 것이라고 확신합니다.
  - ▶ He broke his arm a week ago. I'm sure he **can't have played** the game yesterday.
    * can have + p.p : could have + p.p보다는 강한 가능성, 능력 의미

- 저는 감기에 걸린 것 같습니다. 저는 어젯밤에 밖에 나가지 말았어야 했습니다.
  - ▶ I think I caught a cold. I **shouldn't have gone** out last night.

- 왜 제가 그를 파티에서 볼 수 없었을까요. 그가 거기에 없었을지도 모릅니다.
  - ▶ I wonder why I couldn't see him at the party. He **might not have been** there.

- 그는 어제 무척 행복해 보였습니다. 뭔가 좋은 소식이 있었던 게 틀림없습니다.
  - ▶ He looked so happy yesterday. He **must have had** some good news.

● 당신은 제가 아이들을 찾는 것을 도와주고 싶으세요?

▶ Do you want to **help me find** my kids?

● 당신이 열심히 일할 수 있도록 동기부여가 될 수 있게 제가 돕겠습니다.

▶ I will **help you get** motivated to work hard.

● 이 약은 당신이 푹 자도록 도와줄 것입니다.

▶ This medicine will **help you sleep** well.

● 어떤 사람이 제 어머니께서 버스에 타시는 걸 도와주었습니다.

▶ Somebody **helped my mother get on** the bus.

【help의 기타 용법】

● 저는 당신이 그 짐들을 들어 주는 줄 알았습니다.

▶ I thought you would **help** me **with** the packages.

● 그는 그 노인이 차에 타는 걸 도와 드렸습니다.

▶ He **helped** the old man **into** the car.

● 저는 제 아이의 옷을 벗겨 주었습니다.   (벗는 걸 돕다)

▶ I **helped** my kid **off with** his clothes.

● 제가 당신에게 코트를 입혀 드리겠습니다.   (입는 걸 돕다)

▶ I will **help** you **on with** your coat.

● 당신은 몸무게를 줄이려면 활동적이 되어야 합니다.

▶ You should **get active** to lose weight.

● 당신은 병이 나기 전에 건강을 위해 뭔가를 하는 게 좋겠습니다.

▶ You'd better do something for your health before you **get sick**.

● 당신은 한번 컴퓨터 게임에 흥미를 가지면 그만두기 힘듭니다.
   ▶ Once you **get interested in** computer games, it's hard to quit.

● 당신은 곧 여기서 일하는 데 익숙해질 것입니다.
   ▶ You'll **get used to** working here soon.

● 저는 새 아파트에 사는 것에 익숙해지고 있습니다.
   ▶ I'm **getting used to** living in a new apartment.

● 우리는 여행을 준비하기 위해 모든 걸 했습니다.
   ▶ We did everything to **get prepared for** our trip.

● 어떤 문제에도 휘말리지 않도록 노력하십시오.
   ▶ Try not to **get involved in** any trouble.

● 저는 그가 게임에 중독될지도 모른다고 생각합니다.
   ▶ I'm afraid he may **get addicted to** playing games.

● 저는 아들의 미래에 대해 걱정이 됩니다.
   ▶ I am **getting worried about** my son's future.

지각동사 용법 ⇒ 98) I saw him running
                  ⇒ 99) I saw him leave the office.

● 우리는 공원에서 많은 사람들이 걷거나 뛰고 있는 것을 봤습니다.
   ▶ We **saw many people walking** or **running** in the park.

● 저는 어둠 속에서 누군가가 저를 따라오고 있는 것을 느꼈습니다.
   ▶ I **felt somebody following** me in the dark.

● 당신은 누군가가 들어오는 소리를 들었습니까?
   ▶ Did you **hear somebody come** in?

● 당신은 누군가가 우리에게 "Hello"라고 말하는 걸 들었습니까?
   ▶ Did you **hear somebody say** "Hello" to us?

● 저는 당신이 집 밖에서 소리 치고 있는 것을 들었습니다.
   ▶ I **heard you yelling** outside the house.

- 그들은 당신이 그 아이를 때리는 걸 보았습니다.
    ▶ They **saw you hit** the child.

- 그녀는 다리에 뭔가가 기어 올라오고 있는 걸 느꼈습니다.
    ▶ She **felt something** crawling up her leg.

간접의문문 (2) ⇒ 100) Who do you think I am?

- 우리의 새로운 상사는 누가 될 것이라고 생각하세요?
    ▶ **Who do you think** will be our new boss?

- 당신은 언제 우리의 꿈이 실현될 것이라고 생각하세요?
    ▶ **When do you think** our dreams will come true?

- 그가 오늘 왜 그렇게 화가 나 있다고 생각하세요?
    ▶ **Why do you think** he is so angry today?

- 당신은 어디에서 다음 회의가 열릴 것이라고 생각하세요?
    ▶ **Where do you think** the next meeting will be held?

- 당신은 차기 대통령으로 누가 선출될 거라 생각합니까?
    ▶ **Who do you think** will be elected (as) the next president?

- 당신은 어느 도시가 차기 올림픽에 더 낫다고 생각합니까?
    ▶ **Which city do you think** is better for the next Olympics?

- 당신은 부자가 되는 최상의 방법이 뭐라고 생각합니까?
    ▶ **What do you think** is the best way to get rich?

- 당신은 그 일에 누가 가장 적격하다고 생각합니까?
    ▶ **Who do you think** is most qualified for the job?

장소의 설명　☞　101) That's (the place) **where** I was born.
시간의 설명　☞　102) That was (the time) **when** I met him.
방법의 설명　☞　103) This is (the way) **how** I do it.

* the place, the time, the way, the reason 등은 생략 가능(*p. 199 설명 참조*).

- 그곳이 우리가 우리의 새로운 사업을 준비하게 될 곳입니다.
  ▶ **That's** (the place) **where** we're going to prepare for our new business.

- 이 극장이 우리가 처음으로 영화를 본 곳입니다.
  ▶ **This theater was where** we watched a movie for the first time.

- 그때가 우리가 극심하게 가난에 허덕이던 때입니다.
  ▶ **That was** (the time) **when** we were severely suffering from poverty.

- 내년이 우리가 사업을 확장해야 하는 때입니다.
  ▶ **Next year will be the time when** we have to expand our business.

- 이것이 그들이 대개 저녁을 요리하고 먹는 방법입니다.
  ▶ **This is** (the way) **how** they usually cook and eat dinner.

- 그것이 우리 시스템이 원활하게 작동하는 방식입니다.
  ▶ **That is the way** (how) our system works properly.

이유의 설명　⇒　104) That is (the reason) **why** I need you.
사람의 설명　⇒　105) He is the man **who** did it.
물건의 설명　⇒　106) That's **what** I want.

- 그것이 제가 당장 그를 만나야 하는 이유입니다.
  ▶ **That is** (the reason) **why** I need to see him right now.

- 당신이 선택의 여지가 없이 그것을 할 수 밖에 없는 이유가 무엇입니까?
  ▶ **What is the reason** (why) you have no choice but to do that?

● 그가 바로 밤에 전화해서 아무 말도 하지 않곤 하던 그 사람입니다.
  ▶ **He is the man who** used to call and say nothing at night.

● 저는 당신이 이 나라를 이끌어 갈 사람이라고 생각합니다.
  ▶ I think **you are the man who** will lead the country.

● 그것이 제가 정말로 기대하고 있는 것입니다.
  ▶ **That's what** I'm really looking forward to.

● 그것이 우리가 이때에 가장 필요로 하는 것입니다.
  ▶ **That's what** we really need at this time.

● 이것이 당신이 찾고 있는 것입니까?
  ▶ **Is this what** you're looking for?

Though 용법 ⇒ 119) Though I'm poor, I'm happy.
Even if 용법 ⇒ 120) Even if it rains, we have to go.

● 비록 그것이 할 만한 가치는 없지만 우리는 해야만 합니다.
  ▶ **Though**(=Even though) it's not worth doing, we must do it.

● 비록 우습게 들릴지 모르겠지만 저는 그녀를 사랑합니다.
  ▶ **Though** it may sound funny, I love her.

● 그녀는 비록 재정적 어려움이 있었지만 아무에게도 도움을 요청하지 않았습니다.
  ▶ She didn't ask anybody for help **though** she had financial difficulties.

● 그가 직업을 잃는다고 해도 그는 금방 다른 직업을 찾을 것입니다.
  ▶ **Even if** he loses his job, he'll find another job soon.

● 비록 제가 다른 직업을 찾지 못한다 해도 그것을 다시 하고 싶진 않습니다.
  ▶ **Even if** I can't find another job, I don't want to do it again.

● 예상보다 시간이 더 걸린다고 해도 안하는 것보다는 늦는 게 낫습니다.
  ▶ **Even if** it takes longer than expected, it's better late than never.

+---+
| [that절에 동사 원형이 오는 경우] |
| It is ~ that…   ⇒   117) It is important that you be in good health. |
| 제안/추천/경고   ⇒   122) I suggested (that) he go. |
| 제안 등 명사 다음 that절   ⇒   (참고) He gave an order that everything |
| be ready by tomorrow. |
+---+

● 우선 그가 자신의 목표를 세우는 것이 필수적입니다.

> ▶ **It is essential that** he **set** his goal first.

● 그가 자신의 목표를 성취하기 위하여 계획을 세우는 것이 필요합니다.

> ▶ **It is necessary** that he **make** a plan to achieve his goal.

● 저는 다음 달 행사에 우리 모두 참석할 것을 제안하였습니다.

> ▶ I **suggested that** we all **participate** in the event next month.

● 그는 모든 게 다음 주까지 연기되어야 한다고 주장했습니다.

> ▶ He **insisted** that everything **be** delayed until next week.

● 그는 우리에게 다른 방법으로 시도해 보라고 충고했습니다.

> ▶ He gave us **the advice that** we **try** in different ways.

● 그들은 우리에게 마감 기한보다 일찍 끝내달라고 요청하였습니다.

> ▶ They made **a request that** we **finish** earlier than the deadline.

+---+
| sure 용법   ⇒   125) I'm not sure if he will succeed. |
| ⇒   126) I'm not sure why I'm doing this. |
| ⇒   127) You are sure to succeed. |
+---+

● 우리가 마감 기한을 맞출 수 있을지 확신할 수 없습니다.

> ▶ I'm **not sure if** we can meet the deadline.

● 그는 리더로서의 역할을 해낼 수 있을지 확신할 수 없었습니다.

> ▶ He **wasn't sure if** he could play a role as the leader.

● 저는 제가 왜 그런 모든 어려움을 견뎌내야 하는지 확신할 수 없었습니다.

> ▶ I **wasn't sure why** I had to endure all those difficulties.

● 우리는 그들이 왜 우리의 새로운 프로젝트에 반대했는지 확실히 모르겠습니다.
▶ We **are not sure why** they objected to our new project.

● 당신은 틀림없이 그녀에게 좋은 남편이 될 것입니다.
▶ You **are sure to** make a good husband to her.

● 우리는 이 경쟁 시장에서 살아남을 것이라고 확신합니다.
▶ We **are sure to** survive in this competitive market.

복합관계사 ⇒ 128) You can do whatever you want.

● 당신은 당신이 듣고 싶어 하는 것은 무엇이든 고를 수 있습니다.
▶ You can choose **whatever** you like to listen to.

● 당신에게 달렸습니다. 당신이 좋아하는 곳은 어디든지 저를 데려갈 수 있습니다.
▶ It's up to you. You can take me **wherever** you like.

● 제 도움이 필요할 때는 언제든지 편하게 제게 전화하세요.
▶ Feel free to call me **whenever** you need my help.

● 당신이 무엇을 하고 싶어 하든지 저는 신경 쓰지 않습니다.
▶ I don't care **whatever**(=*no matter what*) you want to do.

● 당신이 누구와 데이트를 하든지 그건 제 일이 아닙니다.
▶ **Whoever** you are dating, it's none of my business.

● 상황이 아무리 어렵다 하더라도 당신은 그것을 극복해야 합니다.
▶ **However difficult** the situation may be, you should get over it.

2 시제 종합 Review

Review (1)

● 당신은 퇴근 후 대개 곧장 집에 가십니까?
> ▶ **Do you usually go** right home after work?

● 저는 가끔 식료품점에 갑니다.
> ▶ I **sometimes go** to the grocery store.

● 어제는 뭐 하셨습니까? 어딘가 가시는 걸 봤습니다.
> ▶ What **did you do** yesterday? I **saw** you going somewhere.

● 종로에 있는 술집에서 친구들을 만나기 위해 갔습니다.
> ▶ I **went** to see my friends at a bar in Jongno.

저는 그들과 저녁을 먹고 술을 조금 마셨습니다.
> ▶ I **had** dinner with them and **had** a little bit of drink.

● 당신은 그들을 언제 다시 만날 것입니까?
> ▶ When **are you going to** see them again?

● 우리는 다음 달에 다시 만날 것입니다.
> ▶ We**'re going to** meet again next month.

우리가 더 젊었을 때는 더 자주 만나곤 했습니다.
> ▶ We **used to** meet more often when we **were** younger.

● 그나저나 오늘밤에는 뭘 하십니까?
> ▶ By the way, what **are you going to** do tonight?

● 저는 회의가 끝날 때까지 기다려야 합니다.
> ▶ I have to wait **until** the meeting **ends**.

하지만 언제 그게 끝날지 모릅니다.
  ▶ But I have no idea when it **will** end.

● 저는 오늘밤 직장 동료들과 영화를 볼 것입니다.
  ▶ **I'm watching** a movie tonight with my coworkers.

우리가 당신을 기다리길 원합니까?
  ▶ **Do you want** us to wait for you?

● 지금 회의가 어떻게 진행되고 있는지 궁금합니다.
  ▶ I wonder how the meeting **is going** now.

제가 가능한 한 빨리 당신께 알려 드리겠습니다.
  ▶ **I will** let you know as soon as possible.

Review (2)

● 당신은 어제 공부를 많이 했습니까?
  ▶ **Did you** study a lot yesterday?

● 저는 어제 두세 시간밖에 공부를 못했습니다.
  ▶ **I studied** only a couple of hours yesterday.

● 오늘은 열심히 공부하셨습니까?
  ▶ **Have you studied** hard today?

● 저는 5시간 동안 공부를 하고 있습니다.
  ▶ **I've been studying** for five hours.

저는 지금 막 영어(공부)를 끝냈습니다.
  ▶ **I have just finished** English.

그리고 지금 수학을 공부하고 있습니다.
  ▶ And now **I'm studying** math.

● 당신은 내일도 공부하실 건가요?
  ▶ **Are you going to** study tomorrow, too?

● 저는 오전에만 공부할 것입니다.
  ▶ **I'm going to** study only in the morning.

  오후에는 친구를 만납니다.
  ▶ **I'm meeting** my friends in the afternoon.

● 그 후에는 뭘 하실 건가요?
  ▶ What **are you going to** do after that?

● 집에 있을 것 같습니다.
  ▶ I think I **will** be home.

● 그럼 내일 밤은 한가하신가요?
  ▶ **Are you** free tomorrow night then?

● 바쁘지 않을 것 같습니다.
  ▶ I guess I **won't** be busy.

● 그럼 시간 있을 때 제게 전화주시겠습니까?
  ▶ **Will** you call me **when** you **have** time then?

● 좋습니다. 집에 도착하면 전화 드리겠습니다.
  ▶ Okay, I **will** call you when I get home.

Review (ㅋ)

● 그는 언제 미국에 도착했습니까?
  ▶ **When did he** arrive in America?

● 그는 어디서 그 소식을 들었습니까?
  ▶ **Where did he** hear the news?

- 우리 미래에 무슨 일이 일어날까요?
  - ▶ **What will** happen to our future?

- 당신은 많은 사람들 속에 있을 때 어떻게 느끼십니까?
  - ▶ **How do you** feel when you're in the crowd?

- 당신은 어떻게 (가까스로) 당신 차를 고칠 수 있었습니까?
  - ▶ **How did you** manage to fix your car?

- 우리는 왜 그들의 규칙을 따라야 합니까?
  - ▶ **Why should we** follow their rules?

- (그들은) 학교 앞에 무슨 빌딩을 지을 것입니까?
  - ▶ **What are they going to** build in front of the school?

- 당신은 어디에 내 가방을 숨겼습니까?
  - ▶ **Where did you** hide my bag?

- 그는 왜 당신을 때렸습니까?
  - ▶ **Why did he** hit you?

- 당신은 왜 서두르고 있습니까?
  - ▶ **Why are you** in a hurry?

- 당신은 그 동호회에 언제 가입할 것입니까?
  - ▶ **When are you going to** join the club?

- 당신은 왜 날 비웃고 있습니까?
  - ▶ **Why are you** laughing at me?

- 세상이 뭐가 될는지……. (어떻게 되가는 건지…….)
  - ▶ **What is the world** coming to?

- 당신은 그 문제를 왜 이렇게 늦게까지 내버려 두었습니까?
  - ▶ **Why did you** leave the problem this late?

● 주말에 뭐 하실 겁니까?
▶ **What are you going to do** during the weekend?

주말에 계획한 것이라도 있습니까?
▶ (Do you have) Anything planned for the weekend?

● 저는 내일 밤 친구들을 만날 겁니다.
▶ I'm **meeting** my friends tomorrow night.

우리는 한 달에 한 번 정기적으로 모입니다.
▶ We get together once a month regularly.

우리는 예전에 그랬던 것처럼 많이 마실지도 모릅니다.
▶ We'll **probably drink** a lot as we used to do.

● 저는 부산으로 여행을 갈 겁니다.
▶ I'm **taking a trip** to Busan.

제 가족들과 같이 갑니다.
▶ I'm **going** with my family.

우리는 호텔에 묵을 겁니다. 지금 예약해야 합니다.
▶ We're **going to stay** at a hotel. I have to reserve now.

● 제 남동생이 이번 토요일에 저를 방문합니다.
▶ My brother **is visiting** me this Saturday.

우리는 저녁을 함께 먹고 야구 경기를 볼 것입니다.
▶ We're **going to** have dinner together and watch a baseball game.

우리는 경기장에 갈 겁니다. 저는 이미 티켓 2장을 예매했습니다.
▶ We're **going** to the stadium. I've already reserved two tickets.

그는 매우 좋아할 것임이 틀림없습니다.
▶ I'm sure he **will** like it very much.

● 저는 주말에 특별한 계획이 없습니다. 저희 집에 오시겠어요?

▶ I have no special plan for the weekend. **Will** you come to my house?

제가 내일 오후에 전화 드리겠습니다.

▶ I **will** call you tomorrow afternoon.

주요 동사 및
유용한 표현 연습

이 장에서는 have, get, take, make 등등 많이 쓰이는 주요 동사의 여러 가지 용법을 살펴보고, 일상 회화에서 자주 쓰이는 유용한 표현을 지금까지 배운 여러 가지 시제 및 용법을 활용해 익힘으로써 더욱 유창한 회화 실력을 갖추게 될 것입니다.

물론 문장을 스스로 만들어 보는 노력이 '꼭!' 필요하며, 여러 번의 반복 학습을 통해 이 표현들을 여러분의 것으로 만들어 보시기 바랍니다.

동사 + to 부정사

- 저는 그렇게 하기로 동의했습니다.
  - ▶ I **agreed to do** so.

- 저는 공부를 더 하기로 결심했습니다.
  - ▶ I've **decided to study** more.

- 그는 그 제안을 받아들이기를 거절했습니다.
  - ▶ He **refused to accept** the offer.

- 저는 전자회사에서 일자리를 얻기를 희망합니다.
  - ▶ I **hope to get** a job at an electronic company.

- 그는 호주로 여행 가는 것을 계획하고 있습니다.
  - ▶ He's **planning to take** a trip to Australia.

- 그들은 그 건물에서 빠져나오는 길을 간신히 찾을 수 있었습니다.
  - ▶ They **managed to find** a way out of the building.

- 저는 새 차를 살 여유가 없습니다.
  - ▶ I can't **afford to buy** a new car.

- 그는 입학시험 합격에 실패했습니다.
  - ▶ He **failed to pass** the entrance exam.

- 많은 사람들은 쉽게 화내는 경향이 있습니다.
  - ▶ Many people **tend to get** angry easily.

- 저는 자전거 타는 걸 배우고 싶습니다.
  - ▶ I want to **learn to ride** a bicycle.

- 그는 저를 봤을 때 저를 알고 있는 척했습니다.
    ▶ He **pretended to know** me when he saw me.

- 그녀는 돈이 많은 것처럼 보입니다.
    ▶ She **seems to have** a lot of money.

- 그는 언제 어디서든 저를 돕기로 약속했습니다.
    ▶ He **promised to help** me anytime anywhere.

- 그들은 그러한 일을 하지 않기로 결심했습니다.
    ▶ They **decided not to do** such a thing.

- 그는 다시는 학교에 늦지 않기로 약속했습니다.
    ▶ He **promised not to be** late for school again.

동사 + 동명사 (~ing)

- 저는 요리하는 것을 즐깁니다.
    ▶ I **enjoy cooking.**

- 저는 정말 당신과 즐겁게 이야기했습니다.
    ▶ I really **enjoyed talking** to you.

- 저는 금연을 할 필요가 있습니다.
    ▶ I need to **stop smoking**(=*quit smoking*).

- 당신은 금주를 하는 게 좋겠습니다.
    ▶ You'd better **quit drinking**(=*stop drinking*).

- 저를 위해 이것을 잡아 주시겠습니까?   (mind~)
    ▶ Would you **mind holding** this for me?

- 저는 심각하게 외국에 가는 것을 고려했습니다.
    ▶ I seriously **considered going** abroad.

- 그는 그 여자의 돈을 훔쳤다고 인정하지 않았습니다.
  - ▶ He didn't **admit stealing**(=*admit having stolen*) her money.

- 그녀는 소풍가는 것을 제안했습니다.
  - ▶ She **suggested going** on a picnic.

- 당신은 당신 방 청소를 끝냈습니까?
  - ▶ Have you **finished cleaning** your room?

- 그들은 떠나는 것을 다음 주까지로 연기했습니다.
  - ▶ They **postponed leaving** until next week.

- 그는 제 MP3 플레이어를 고장 냈다는 걸 부인했습니다.
  - ▶ He **denied breaking**(=*denied having broken*) my MP3 player.

- 저는 정기검진 받는 걸 추천하고 싶습니다.
  - ▶ I'd like to **recommend having** regular checkups.

- 우리는 그렇게 많은 시간을 허비하는 걸 피해야 합니다.
  - ▶ We must **avoid wasting** so much time.

- 저는 제가 가진 모든 걸 잃어버리는 모험을 하고 싶지 않습니다.
  - ▶ I don't want to **risk losing** everything I have.

- 저는 큰 회사를 운영하는 제 모습을 상상할 수 없습니다.
  - ▶ I can't **imagine** myself **running** a big company.

out of ~ 용법

- 당신 정신 나갔습니까?
  - ▶ Are you **out of your mind**?

- 저는 돈이 떨어졌습니다.
  - ▶ I'm **out of money.**

- 눈에서 멀어지면 마음도 멀어지는 법.
  - ▶ **Out of sight, out of mind.**

- 여기 있는 장비는 구식입니다.
  - ▶ The equipment here is **out of date.**

- 그의 제안은 불가능합니다(말도 안 됩니다).
  - ▶ His suggestion is **out of the question.**

- 그가 실직한 지 얼마나 오래됐습니까?
  - ▶ How long has he been **out of work**?

- 당신은 왜 그렇게 숨이 찹니까?
  - ▶ Why are you so **out of breath**?

- 제 생각에 그는 동정심에서 저를 도운 것 같습니다.
  - ▶ I think he helped me **out of pity.**

  * out of 다음에 마음의 상태나 감정을 나타내는 명사가 오면 '~에서', '~때문에'란 뜻을 나타내기도 함.

- 많은 어린 학생들이 호기심에서 담배를 피웁니다.
  - ▶ Many young students smoke **out of curiosity.**

- 그들은 화가 나서 그를 때렸습니다.
  - ▶ They hit him **out of anger.**

- 그는 좌절감으로 울고 소리쳤습니다.
  - ▶ He cried and shouted **out of frustration.**

- 저는 사랑 때문에 이걸 하고 있습니다.
  - ▶ I'm doing this **out of love.**

- 그는 충성심에서 행동했을지도 모릅니다.
  - ▶ He might have acted **out of loyalty.**

- 그녀는 단지 필요하기 때문에 이걸 하고 있습니다.
  - ▶ She is just doing this **out of necessity.**

- 그는 질투심으로 그렇게 행동했음이 틀림없습니다.
  - ▶ He must have behaved that **out of jealousy.**

- 여행 잘 다녀오세요!
  - ▶ **Have a nice trip!**

- 당신은 좋은 시간을 보냈습니까?
  - ▶ Did you **have a good time**?

- 저는 가족과 좋은 시간을 보냈습니다.
  - ▶ I **had a good time** with my family.

- 당신은 파티에서 즐거웠습니까?
  - ▶ Did you **have fun** at the party?

- 이 집은 전망이 좋습니다.
  - ▶ This house **has a nice view**.

- 그것을 한번 보세요!.
  - ▶ **Have a look at** it!.

- 저는 두통이 있습니다. (감기, 심장발작……)
  - ▶ I **have a headache.** (cold, heart attack……)

- 당신은 돈이 좀 있습니까?
  - ▶ Do you **have some money with** you?

- 누구 질문 있는 사람 있습니까?
  - ▶ Does anybody **have any questions**?

- 저는 사무실을 떠나기 전에 해야 할 것이 있습니다.
  - ▶ I **have something to do** before I leave the office.

- 저는 당신과 이야기할 충분한 시간이 없습니다.
  - ▶ I don't **have enough time to** talk to you.

- 그는 기억력이 좋지 않습니다.
  - ▶ He doesn't **have a good memory**.

- 저는 그가 무슨 말을 하고 있는지 모르겠습니다.
  - ▶ I **have no idea** what he's talking about.

- 저는 당신 집을 찾는 데 어려움이 있었습니다.
  - ▶ I **had difficulty** find**ing** your house.

- 우리는 다음 주에 파티를 할 것입니다.
  - ▶ We're going to **have a party**(=*throw a party*) next week.

get 용법

- 꺼져! (여기서 나가요!)
  - ▶ **Get out of** here!

- 여기서 나갑시다(이제 갑시다).
  - ▶ Let's **get out of** here.

- 우리는 버스에 타야 합니다.
  - ▶ We should **get on** the bus.　　　　(↔ get off : 내리다)

- 저는 역까지 어떻게 가는지 모릅니다.
  - ▶ I don't know how to **get to** the station.

- 차로 어떻게 거기까지 갈 수 있습니까?
  - ▶ How can I **get there** by car?

- 당신은 어떻게 그것에 대해 더 알게 되었습니까?
  - ▶ How did you **get to** know more about that?　　　(~하게 되다)

- 제가 당장 당신께 하나 갖다 드리겠습니다.
  - ▶ I'll **get you one** right away.

- 저는 당신이 말하는 게 전혀 이해가 안 됩니다.
  - ▶ I don't **get** what you're saying at all.

- 저는 먹을 것 좀 가져와야 하겠습니다.
  - ▶ I need to **get something to** eat.

- 그 주제로 돌아갑시다.
  - ▶ Let's **get back to** the topic.

- 당신은 동료 직원들과 잘 어울립니까?
  - ▶ Do you **get along with** your coworkers?

- 당신은 내일 발표 준비를 해야 합니다.
  - ▶ You need to **get ready** for the presentation tomorrow.

- 저는 앞서가기(출세하기) 위해 항상 열심히 노력하고 있습니다.
  - ▶ I'm always trying hard in order to **get ahead**.

- 그 독감이 낫는 데 시간이 오래 걸렸습니다.
  - ▶ It took a long time to **get over** the flu.

- 우리는 한 달에 한 번 정기적으로 모임을 갖습니다(만납니다).
  - ▶ We regularly **get together** once a month.

take 용법

- 누가 그걸 가져갔습니까?
  - ▶ Who **took** it?

- 저는 이것으로 하겠습니다. (상점 등에서 '이거 주십시오' 의 의미)
  - ▶ I'll **take** this one.

- 당신은 만일에 대비해서 우산을 가지고 가는 게 좋을 겁니다.
  - ▶ You'd better **take an umbrella**, just in case.

- 약을 드시지 그러세요?
  - ▶ Why don't you **take a medicine**?

● 저를 당신 차로 집까지 데려다 주시겠습니까?
 ▶ Will you **take me home** in your car?

● 보십시오! / 들어 보십시오!
 ▶ **Take**(=*Have*) **a look** (at~)! / **Take**(=*Have*) **a listen** (to~)!

● 진정하세요! 심호흡을 하고 긴장을 푸세요.
 ▶ Calm down! **Take a deep breath** and relax.

● 저는 샤워를 할 것입니다.
 ▶ I'm going to **take a shower.**

● 거기에 가려면 당신은 지하철을 타야 합니다.
 ▶ You have to **take the subway** to get there.

● 저는 항상 스페인으로 여행가는 걸 원해 왔습니다.
 ▶ I've been always wanting to **take a trip to** Spain.

● 우리 잠깐 좀 쉬는 게 어떻습니까?
 ▶ Why don't we **take a break** for a minute?

● 제 사진을 찍지 마십시오.
 ▶ Don't **take a picture** of me.

● 당신은 음악 수업을 받아 본 적이 있습니까?
 ▶ Have you ever **taken any music lessons**?

● 큰 스포츠 행사가 이 도시에서 열릴 것입니다.
 ▶ A big sports event will **take place** in this city.

● 당신은 이번 긴 주말을 잘 이용해야 합니다.
 ▶ You should **take advantage of** this long weekend.

make 용법

- 당신은 할 수 있습니다.
  - ▶ You can **make it.**   *make it: 성공하다, 제 시간에 도착하다

- 실수를 저질러서 죄송합니다.
  - ▶ I'm sorry for **making a mistake.**

- 당신은 (어려웠을 텐데) 어떻게 이익을 낼 수 있었습니까?
  - ▶ How did you manage to **make a profit**?

- 당신이 말한 것은 전혀 이치에 맞지 않습니다.
  - ▶ What you said doesn't **make any sense** at all.

- 제가 가든 안 가든 어떤 차이도 없습니다.
  - ▶ It doesn't **make any difference** whether I go or not.

- 저는 단지 그게 제가 아니었다는 걸 명백히 하고 싶었습니다.
  - ▶ I just wanted to **make clear** (that) it wasn't me.

- 우리 모두가 뭘 해야 하는지 알 수 있도록 계획을 세우십시오.
  - ▶ **Make a plan** so that we all know what to do.

- 당신은 부인과 싸운 뒤에 어떻게 화해하십니까?
  - ▶ How do you **make up with** your wife after fighting?

- 저는 호텔에 돌아오지 못할 거라 생각했습니다.
  - ▶ I thought I couldn't **make it back to** the hotel.

- 저는 매일 1시간씩 운동하는 걸 규칙으로 삼고 있습니다.
  - ▶ I **make it a rule to** exercise for one hour everyday.

- 제가 제안을 할 때마다 제 상사는 그걸 무시합니다.
  - ▶ Whenever I **make a suggestion**, my boss ignores it.

- 저는 그런 일을 저질러서 제 자신을 바보로 만들었습니다.
  - ▶ I **made a fool of** myself by doing such a thing.

- 그것은 우리가 목표를 성취하는 걸 더 어렵게 할 것입니다.
  - ▶ That will **make it harder to** achieve our goals.

- 당신은 당신이 이미 갖고 있는 걸 이용해야 합니다.
  - ▶ You should **make use of** what you already have.

- 이 책은 영어를 유창하게 말하는 걸 가능하게 합니다.
  - ▶ This book **makes it possible to** speak English fluently.

keep 용법

- 그걸 명심하십시오.
  - ▶ **Keep** that **in mind.**

- 누군가 당신을 지켜보고 있다는 걸 명심하십시오.
  - ▶ **Keep in mind that** somebody is watching you.

- 당신은 그걸 비밀로 지킬 수 있습니까?
  - ▶ Can you **keep it a secret**?

- 그녀는 그녀의 과거를 우리 모두에게 비밀로 했습니다.
  - ▶ She **kept her past a secret** from us all.

- 당신은 그의 안전을 보장한다던 약속을 안 지켰습니다.
  - ▶ You didn't **keep your promise to** ensure his safety.

- 저는 시사 문제에 뒤떨어지지 않기 위해 신문을 읽습니다.
  - ▶ I read newspapers to **keep up with** current events.

- 그는 창문 밖을 바라보는 동안 침묵을 지켰습니다.
  - ▶ He **kept silence** while looking out the window.

- 당신은 제가 없는 동안 제 가방을 봐주시겠습니까?
  - ▶ Would you **keep an eye on** my bag while I'm away?

● 그녀는 집을 항상 깔끔하고 깨끗하게 유지합니다.
  ▶ She always **keeps her house neat and clean.**

● 저는 온기를 유지하기 위해 담요를 덮었습니다.
  ▶ I covered myself with a blanket to **keep warm.**

● 당신은 몸매를 유지하기 위해 정기적으로 뭘 하십니까?
  ▶ What do you regularly do to **keep in shape**?

● 그런 녀석과는 사귀지 마시오.
  ▶ Don't **keep company with** such a guy.

● 당신은 무엇 때문에 그리 오래 걸렸습니까?
  ▶ What **kept you** so **long**?

● 이런 종류의 일이 항상 저를 바쁘게 합니다.
  ▶ This sort of thing always **keeps me busy.**

● 저녁 식사 후 커피를 마시는 것은 밤에 잠자는 걸 방해할 수 있습니다.
  ▶ Drinking coffee after dinner can **keep you from** falling asleep at night.

get to + 동사 / end up ~ing

* 'get to + 동사'는 '~하게 되다', 'end up ~ing'는 '결국 ~하다'라는 의미로 두 개의 의미가 다소 유사하지만, 후자는 최종적인 결과를 언급할 때 주로 쓰인다.

● 저는 싱가포르에 가게 되었습니다.
  ▶ I **got to go** to Singapore.

● 당신은 어떻게 그녀를 알게 되었습니까?
  ▶ How did you **get to know** her?

● 언제 당신은 그 모든 이야기를 알게 되었습니까?
  ▶ When did you **get to know** the whole story?

- 그는 거기 있는 동안 유럽 전역을 여행하게 되었습니다.
    - ▶ While he was there, he **got to travel** all over Europe.

- 그녀는 학급 친구들 사이에서 인기가 많아지게 되었습니다.
    - ▶ She **got to be** popular with her classmates.

- 저는 그 소음 때문에 잠들 수가 없었습니다.
    - ▶ I couldn't **get to sleep** because of the noise.

- 결국 그는 자기보다 키가 훨씬 큰 여자와 결혼하였습니다.
    - ▶ He **ended up marrying** a girl much taller than him.

- 열심히 노력하지 않으면 당신은 결국 시험에 떨어질 것입니다.
    - ▶ You will **end up failing** the exam if you don't try hard.

- 그들은 물놀이를 한 후에 결국 지치고 말았습니다.
    - ▶ They **ended up being** exhausted after playing in the water.

- 그녀가 버스를 놓쳐서 저는 결국 그녀를 차로 집에 데려다 주었습니다.
    - ▶ She missed the bus, so I **ended up driving** her home.

- 저는 제 차를 고치기 위해 결국 기술자를 불렀습니다.
    - ▶ I **ended up calling** a technician to fix my car.

- 그는 결국 그의 생각보다 훨씬 많은 돈을 지불하였습니다.
    - ▶ He **ended up paying** much more than he thought.

- 그는 결국 그녀의 성격을 정말 좋아하게 되었습니다.
    - ▶ He **ended up** really **liking** her personality.

- 그녀는 결국 거액의 빚을 지게 되었습니다.
    - ▶ She **ended up with** a huge amount of debt.

- 저는 결국 처음에 방문했던 장소로 오게 되었습니다.
    - ▶ I **ended up in** the same place I visited first.

- 젊은 사람들은 결혼을 심각하게 받아들이지 않습니다.
  - ▶ Young people don't **take marriage seriously.**

- 그는 무례했던 것에 대해 제게 사과하지 않았습니다.
  - ▶ He didn't **apologize to me for** being rude.

- 그는 우리 팀이었습니다만 지금은 아닙니다.
  - ▶ He **was on our team,** but he is not now.

- 이 음식은 충분히 오래 요리되지 않은 것 같습니다.
  - ▶ I don't think this food was **cooked long enough.**

- 우리는 그 보고서 제출 마감 시간에 맞췄어야 했습니다.
  - ▶ We had to **meet the deadline for** presenting the report.

- 그는 대개 한가한 시간을 모두 컴퓨터 앞에서 보냅니다.
  - ▶ He usually **spends all his free time at** the computer.

- 늦어서 죄송합니다. 제가 뭐 놓친 거라도 있습니까?
  - ▶ I'm **sorry for** being late. Did I miss anything?

- 저는 외국에 가는 것을 심각하게 고려하는 중입니다.
  - ▶ I'm **seriously considering going** abroad.

- 제가 그를 봤을 때 그는 그 양식을 작성하는 중이었습니다.
  - ▶ He was **filling out the form** when I saw him.

- 그것은 제게도 마찬가지일 것입니다.
  - ▶ It'll be **the same with** me.

● 저는 내일 아침 그와 수영을 갈 것입니다.
  ▶ I'm **going swimming** with him tomorrow morning.

● 금방이라도 텐트가 무너질 것 같습니다.
  ▶ It **looks like** the tent is going to fall down **any minute**.

● 그는 그녀를 봤을 때 거의 심장마비가 일어날 뻔했습니다.
  ▶ He **nearly had** a heart attack when he saw her.

● 그 선생님은 그를 학교에서 퇴학시킴으로써 그를 본보기로 삼았습니다.
  ▶ The teacher **made an example of** him by **expelling him from**
    the school.

● 저는 당신이 좋은 아이디어를 생각해내길 바랍니다.
  ▶ I want you to **come up with a good idea**.

● 오늘은 버스 막차가 몇 시에 떠납니까?
  ▶ What time does **the last bus of the day** leave?

● 그는 하루 종일 뭘 하고 있었습니까?
  ▶ **What has he been doing** all day?

● 그 펜은 잉크가 떨어졌습니다.
  ▶ The pen **ran out of** ink.

● 우리는 스미스 씨 이름으로 2인 테이블을 예약했습니다.
  ▶ We've **booked a table for** two **for** Mr. Smith.

● 당신의 경험으로 봤을 때, 그것에 대해 어떻게 생각하십니까?
  ▶ **From your experience**, what do you think about it?

● 저는 막중한 업무 부담을 가지곤 했습니다.
  ▶ I used to **have a heavy workload**.

● 저는 당신이 그 나라의 식량 안보에 대해 더 조사해 보면 좋겠습니다.
  ▶ I need you to **look more into** the country's food security.

● 지금까지 우리는 이렇다 할 진전을 이루지 못했습니다.
  ▶ We haven't **made** any **progress** so far.

● 연체료는 얼마입니까?
▶ How much is the **late fee**?

● 그는 그 기회를 산업에 대한 지식을 넓히는 데 이용해 왔습니다.
▶ He's been using the opportunity to **broaden his knowledge about** the industry.

● 당신은 퇴근 후 대개 어떤 방법으로 긴장을 푸십니까?
▶ **In what ways** do you usually relax after work?

● 당신은 언제 잡일들을 해야 하는지 모르십니까?
▶ Don't you know when you have to **do your chores**?

● 당신이 휴가를 떠나 있는 동안 누가 당신을 대신할 것입니까?
▶ Who's going to **take the place of** you while you're **on vacation**?

● 저는 그걸 해 본 적이 없으며 그렇게 할 의향도 없습니다.
▶ I have never tried it and **have no intention of** doing so.

● 당신이 거기 도착하는 대로 그를 볼 수 있게 될 것입니다.
▶ You'll be able to see him **as soon as** you get there.

● 그들은 내가 끝내지 않은 보고서를 실수로 제출했습니다.
▶ They mistakenly **sent in** the report that I hadn't finished.

● 우리 제품들은 젊은 사람들을 더 대상으로 하고 있습니다.
▶ Our products **are** more **targeted on** young people.

● 당신은 우선 자신감부터 쌓아야 할 것 같습니다.
▶ I guess you'll have to **build your confidence** first.

● 우리의 새 광고는 우리의 이미지를 제고하기로 되어 있습니다.
▶ Our new ad is supposed to **improve our image**.

● 당신이 그 회사에 지원하기 위해선 학위 취득이 요구됩니다.
▶ You're required to get a degree to **apply to** the company.

● 그들이 (당신 목소리를) 들을 수 있도록 그걸 크게 읽어주시겠습니까?
▶ Would you **read it aloud** so that they can hear you?

- 만약 모르는 사람이 당신에게 태워주겠다고 제의하면 당신은 그 차에 타면 안 됩니다.
  - ▶ If a stranger **offers you a ride**, you must not get in the car.

- 그들은 제게 빠른 배달을 약속했습니다.
  - ▶ They promised me **early delivery date**.

- 제가 그 회사의 일자리를 제안 받는다면 저는 받아들일 텐데요.
  - ▶ If I **were offered a job at** the company, I would take it.

- 다른 무엇보다도 제가 더 원하는 것은 다른 사람들과 잘 지내는 것입니다.
  - ▶ What I want more than anything else is to **get along with** others.

- 정말로 중요한 것은 지금 적절한 조치를 취하는 것입니다.
  - ▶ What's really important is to **take a proper step** now.

- 그는 그들과 관계가 있을지도 모른다고 전해지고 있습니다.
  - ▶ It is said that he may **have a connection with** them.

- 운전자들은 빨간 신호에서는 정지해야 합니다.
  - ▶ Drivers must **stop at the red light**.

- 그가 당신이 더 일하는 걸 원하기 전에 당신은 가는 게 좋겠습니다.
  - ▶ You'd **better** go before he needs you to work more.

- 당신은 그 책임을 회피하기 보다는 받아들이는 게 좋을 겁니다.
  - ▶ You'd better **accept the responsibility** rather than **avoid** it.

- 저는 정말 당신과 함께 있으면서 음악에 대해 얘기하는 걸 즐깁니다.
  - ▶ I really **enjoy** being with you and **talking** about music.

- 저는 사람들을 조직하고 더 일하도록 동기를 부여하는 일이 좋습니다.
  - ▶ I like organizing people and **motivating them to** do more.

- 시작하기 전에 계획을 가지는 것은 항상 좋습니다.
  - ▶ **It's always good to** have a plan before you start.

- 저는 무언가를 사기 위해 줄 서는 것을 싫어합니다.
  - ▶ I **hate to** stand in line in order to buy something.

● 제 핸드폰은 충전이 필요합니다. 당신 것은 어떻습니까?
▶ My cell phone **needs** charging. How about yours?

● 그는 팀을 잘 이끌 수 있을 것 같습니다. 좋은 리더일 수도 있죠.
▶ I think he **could** lead a team well. He **may** be a good leader.

● 우리가 거기 일찍 가면 제일 싼 가격을 찾을 것 같습니다.
▶ We're **likely to** find the lowest price if we go there early.

● 그는 정직한 것으로 유명한 것 같습니다.
▶ It looks like he **has a reputation for** being honest.

● 당신이 목표에 집중하지 않으면 직업적으로 성장하지 못할 것입니다.
▶ If you don't **focus on** your goals, you'll never grow professionally.

● 당신은 내 말을 다시 고려했어야 합니다.
▶ You should have **considered my words** again.

● 그들은 합의에 이르렀을 수도 있습니다.
▶ They may have **come to an agreement**.

● 그는 어제 당신에게 전화하는 것을 잊었음이 틀림없습니다.
▶ He must have **forgotten to** call you yesterday.

● 당신은 그걸 빨리 끝내도록 도와줄 누군가가 필요합니다.
▶ You need somebody to help you **get it done** quickly.

● 그 콘서트는 괜찮았지만, 차라리 영화를 한 편 보러 가는 게 좋았을 것입니다.
▶ The concert was okay, but I'd **rather have gone** to a movie.

● 때론 그가 그들과 협력하는 것이 필요합니다.
▶ It's sometimes necessary that he **cooperate with** them.

● 당신은 유머를 사용할 때 좀 더 주의할 것을 제안합니다.
▶ I suggest you **be** more **careful in** using humor.

● 그가 제 말을 들었다면 그는 그 상황에 좀 더 일찍 적응했을 것입니다.
▶ If he had listened to me, he would have **adjusted to** the situation earlier.

- 저는 마침내 실수로 지운 파일을 겨우 복원할 수 있었습니다.
    ▶ I finally managed to restore the file I'd deleted **by mistake**.

- 당신이 스피킹 능력을 향상시켰는지 저는 확실히 모르겠습니다.
    ▶ I'm not sure if you've **improved your ability to** speak.

- 그는 그 소식을 가족에게 퍼뜨린 것 같습니다.
    ▶ He seems to have **spread the news to** his family.

- 당신은 저를 놔두고 떠나겠다는 의미입니까?
    ▶ Do you mean you're **leaving without me**?

- 그는 저와 같이 간다는 생각을 반기는 듯 말하지 않았습니다.
    ▶ He didn't sound like he liked **the idea of** going with me.

- 우리가 사업에 모든 노력을 기울여야 할 때입니다.
    ▶ It's time we ***put all our efforts into** the business.   *과거형

- 수돗물을 틀어 놓지 않은 게 확실합니까?
    ▶ Are you sure you didn't **leave the water on**?

- 저는 당신이 원하는 만큼 기꺼이 당신을 돕겠습니다.
    ▶ **I'm willing to** help you as much as you want.

- 제가 누군가가 문을 두드리는 소리를 들었던 게 그때입니다.
    ▶ That was the time when I **heard someone knock** on the door.

- 태풍은 워낙 강해서 모든 걸 파괴하였습니다.
    ▶ The typhoon was **so** strong **that** it destroyed everything.

- 그가 방에 들어왔을 때 우리는 그에 대해 이야기하고 있었지만 그는 개의치 않는 듯 보였습니다.
    ▶ Though we were talking about him when he entered the room, he **didn't seem to mind**.

- 저는 저를 계속 바쁘게 할 다른 일들을 찾을 겁니다.
    ▶ I will find other things to **keep myself busy**.

● 그가 일을 적절히 할 수 있도록 당신이 도와야 할 것 같습니다.
▶ I think you need to help him **do his job properly**.

● 우리는 늦게 출발했고 결국 비행기를 놓쳤습니다.
▶ We **got a late start** and **ended up** miss**ing** our flight.

● 겁먹지 마십시오. 당신은 그를 무서워할 필요가 없습니다.
▶ Don't **get scared**. You don't need to **be scared of** him.

● 그의 개는 항상 소란스럽습니다. 그게 정말 저를 괴롭힙니다.
▶ His dog always **makes a noise** and it really **bothers** me.

● 양복을 세탁하지 그러세요?
▶ Why don't you **get your suit cleaned**?

● 그 문제는 많은 전문가들에 의해 연구되고 있습니다.
▶ The problem **is being studied** by lots of experts.

● 그걸 사기 전에 맞는지 입어보세요. 아니면 잘 안 맞을 수도 있습니다.
▶ **Try it on for size** before you buy it, or it may not **fit well**.

● 집에 가서 좀 쉬지 그러세요? 당신은 병이 나고 있는 것 같습니다.
▶ Why not go home and **get some rest**? I guess you're **coming down with something**.

● 그는 제 상사가 그 사람 대신 저를 승진에 추천했다는 사실에 불만이 있는 것 같아 보였습니다.
▶ He **seemed unhappy about** the fact that my boss recommended me instead of him for the promotion.

● 제가 더 열심히 노력할수록 그것은 더 불가능해 보였습니다.
▶ **The harder** I tried, **the more** impossible it seemed.

● 저는 그들을 교육할 방법은 없는 것 같은 인상을 받습니다.
▶ I **get the impression that** there's no way to educate them.

● 저는 많은 여자 아이들이 쇼핑몰에서 어슬렁거리고 있는 걸 봤습니다.
▶ I saw many young girls **hanging around** at the mall.

● 솔직히 저는 단지 의무감에서 그를 방문하고 있습니다.
  ▶ **To be honest**, I just visit him **out of a sense of duty**.

● 이렇게 더운 날씨에는 자주 쉬는 것이 바람직한 것 같습니다.
  ▶ It seems desirable to **take frequent rests** in this hot weather.

한 문장으로 끝내는
Speaking 문법

초판 1쇄 발행일 2014년 8월 27일

지은이 정충모
펴낸이 박영희
편집 배정옥·유태선
디자인 김미령·박희경
인쇄·제본 에이피프린팅
펴낸곳 도서출판 어문학사
　　　　서울특별시 도봉구 쌍문동 523-21 나너울 카운티 1층
　　　　대표전화: 02-998-0094/편집부1: 02-998-2267, 편집부2: 02-998-2269
　　　　홈페이지: www.amhbook.com
　　　　트위터: @with_amhbook
　　　　블로그: 네이버 http://blog.naver.com/amhbook
　　　　　　　　다음 http://blog.daum.net/amhbook
　　　　e-mail: am@amhbook.com
　　　　등록: 2004년 4월 6일 제7-276호

ISBN 978-89-6184-346-1 13740
정가 16,000원

이 도서의 국립중앙도서관 출판시도서목록(CIP)은 e-CIP홈페이지(http://www.nl.go.kr/ecip)와
국가자료공동목록시스템(http://www.nl.go.kr/kolisnet)에서 이용하실 수 있습니다.
(CIP제어번호: CIP2014022463)

※잘못 만들어진 책은 교환해 드립니다.